KB190125

맑은 가난

일러두기

1. 경전 제목과 책 제목, 신문명은 『 』로 묶고, 노래 제목과 작품명 등은 〈 〉로 묶었다.
2. 국립국어원의 어문 규범을 기준으로 삼되 용례가 없는 경우에는 관용적 표기를 따랐다.
3. 저자의 입말을 살린 표현은 그대로 두었다.
4. 『맑은 가난』은 필자가 2020년에 1년간 『불교신문』에 연재한 내용을 묶은 것으로,
   본문의 시의성은 당시를 따르고 있다.

맑은 가난

수행과 정진의 가르침

清貧

— 선행 지음

담앤북스

"지금까지 무엇을 했지?"

한 일도 손에 쥔 것도 없는 텅 빈 마음으로 여생은 그저 조그만 텃밭을 일구며 지내야겠다는 심정에 고향 근처 조용한 암자를 찾은 것이 4년 전의 일이다.

10년 전에는 『선객』을 발간하면서 그동안 지내온 모든 것을 쏟아부었다는 생각에 앞으로 더 이상 어떠한 글도 쓸 수 없으리라는 예감이 들었다.

무색하게도 이렇게 또다시 『불교신문』에 1년간 연재한 글이 책으로 엮어지게 되었다. 부끄럽다. 한때 걸망 하나에 의지하여 그 무엇도 부러운 것 없이 뿌듯함으로 정진한 여운이 남아 있어 용기를 냈다.

또한 이러한 삶이 있다는 흔적과 함께 지난날을 돌이켜 보는 심정이었다. 누가 되지 않았으면 하는 바람이다.

2021년 통도사 서재에서

선행 합장

목차

시작하며 __ 4

1 — 발심 發心

반조 反照 __ 10

입적 入寂 __ 14

방학 放學 __ 18

반연 攀緣 __ 22

도개걸윷모 __ 26

강의 講義 __ 31

작문 作文 __ 35

출가 出家 __ 39

도반 道伴 __ 44

2 — 기도 祈禱

기도 祈禱 __ 50

절 __ 54

매화 梅花 __ 59

재일 齋日 __ 63

초파일 __ 67

윤달 __ 72

병고 病苦 __ 76

호압석 虎壓石 __ 80

증곡 曾谷 __ 84

3 — 정진 精進

통알 通謁 __ 90
해제 解制 __ 94
용상방 龍象榜 __ 98
수필 手筆 __ 102
소임 所任 __ 107
기한 飢寒 __ 111
근기 根機 __ 115
간경 看經 __ 119
안거 安居 __ 123
개산 開山 __ 127
수심 愁心 __ 131
유어 柔語 __ 136
반야심경 般若心經 __ 140
좌탈입망 坐脫立亡 __ 144

4 — 수행 修行

총림 叢林 __ 150
지족 知足 __ 154
공양 供養 __ 158
실상 實相 __ 162
목신이거 木神移居 __ 166
시봉 侍奉 __ 170
여가 餘暇 __ 174
입각 入角 __ 179
외호 外護 __ 183
영험 靈驗 __ 187
터득 攄得 __ 192
포행 布行 __ 196

끝마치며
회향 廻向 __ 200

發

心

1

발심

반조_____ 反照

인생의 황혼기를 석양에 비유하는데 그것이 곧 반조^{反照}
다. 마치 허공에 쏘아 놓은 화살과도 같이 지나온 세월이,
어느덧 그간의 삶을 돌아보는 경륜이 되었다. 20대 중반에
출가하여 정확히 35년이 되었다. 꿈만 같다. 처음 강원에
입방해서는 졸업을 앞둔 선배 스님을 보면서, 언제쯤 그날
이 될까 싶었는데 졸업을 하고 별도로 『화엄경』까지 공부
한 기간이 꼬박 5년이었다.

1991년 가을. 걸망을 지고 선원으로 직행해서 송광사 선
원에 이어 해인사 선원에서 다각 소임을 보았다. 송광사에
서는 사시 때 차담으로 들통에 식빵을 쪘고, 해인사에서는

한 철 내내 갖가지 차를 달이면서 참선을 통해 신체적 변화와 함께 참선의 참맛에 겨우 눈을 떴다.

1993년부터 1994년까지 2년 동안은 용맹정진, 가행정진, 묵언정진을 통해 어디까지가 한계인지를 느꼈고, 2004년도 봉암사에서는 기본선원 스님들을 제접하는 선감 소임으로 꼬박 1년을 정진하면서 출가 생활 20년을 점검하고 정리하며 새로운 각오를 세웠다.

출가해서 30년이 되던 해. 백장암에서 납자 스님들을 1년여 외호하는 중간에 통장 잔고 4만원을 확인하고 홀연히 걸망을 졌을 때는, 다시 출가하는 심정이었다. 지난해 통도사 선원에서 1년간 정진하기까지 그동안 간간이 10여 차례에 걸쳐 선원에서 정진한 기간이 도합鄒合 10여 년에 걸쳐, 그때마다 더 이상 물러설 곳이 없는 절실한 심정이었기에 순간순간 체험이 그래서 더욱 마음을 다잡고 늘 새로이 다짐하는 계기가 되었다. 하지만 그러한 모습이 때로는 어른 스님의 눈에는 몹시 안쓰러워 보여 노파심에 겨운 경책의 말씀을 듣기도 했다.

1992년에는 송광사 율원 개원 초창기에 율장과 함께 유식唯識에 밝은 스님을 중심으로 『성유식론成唯識論』을 논강하

발심發心

며 지냈다. 그때 비로소 유식에 조금은 눈을 뜨게 되었다. 그 경험으로 1995년에 통도사 방장 월하 노스님의 부름을 받아 율원을 개원하여 1년 남짓 지내는 동안 『사분율』과 함께 다양한 불교개론 서적을 탐독하면서 개략적인 불교이론을 정립했다. 이어 1996년부터 1999년 봄까지 한문 경전 전문 강사 양성을 위해 종단에서 처음 설립한 은해사 삼장 경학원에서 『화엄경』을 중심으로 제반 경전을 공부했다.

졸업 후. 2001년부터 2004년 봄까지 4년간 해인사와 법주사 강원의 강사 소임을 보면서 선서禪書인 『서장』과 사교四教 곧 『능엄경』『금강경』『기신론』『원각경』을 강의했다. 2005년부터 2010년까지 6년여 백양사와 선운사 강원 강주로 부임하여 『화엄경』 전문全文을 세 차례에 걸쳐 공부하고 졸업생을 배출했다. 그리고 2006년부터 2013년까지 야학夜學으로 학부와 대학원에서 사회복지학을 전공했고, 2013년에는 대만에서 잠시 어학을 공부했다.

BBS불교방송에서도 강의를 했다. 2006년에 규봉스님의 『원각경대소』를 원고지 1500매 정도 번역하여 『원각경』을 4개월여 강의했고, 2018년에는 천태스님의 『법화문구』를 원고지 3000매 분량으로 정리하여 『법화경』을 5개월여 강의했으며, 지난해에는 2006년도에 방송한 『원각경』을 요약해서 2개월여 방송했다. 또한 2009년도에는 『불교신문』에 매주 선원에서 체험한 내용을 1년간 연재하여 다음 해에 『선객』의 책자로 발간했다.

반조^{反照}는 회광반조^{回光返照}라 이른다. 곧 절박한 심정으로 몰입하여 자신의 마음을 돌이켜 비추어 본다는 의미다. 그간 무엇을 바라기보다는 과정을 충실하게 밟겠다는 신조로 지내 왔는데, 어느덧 이력과 경륜을 말하게 되었다. 그동안 절묘하리만큼 때에 맞춰 정진하게 된 인연을 만나게 되어, 청복^{淸福} 곧 '맑고 한가한 복'이었다 싶어 늘 감사한 마음이다.

입적_____ 入寂

　스님의 운명殞命을 입적入寂 또는 원적圓寂이라 한다. 생사를 벗어나 고요하고 무위無爲의 경지에 든다는 것이다. 본래는 번뇌를 소멸시킨 부처님과 아라한의 죽음이다. 모든 속박 곧 번뇌에서 벗어난 평온한 상태로 들어간다는 의미다.

　엊그제 안타깝게도 이른 나이에 입적한 스님의 다비식에 참관했다. 영결식의 슬픔은 안과 밖이 따로 없겠다. 스님은 열 살 이전에 통도사에 입산하여 제방에서 정진을 하다가 중간에 한동안 외국 유학을 했고, 경륜이 쌓여서는 서울의 대규모 사찰의 소임과 종단의 중책을 보는 스님이었기에 슬픔이 더했다. 특히 어려서부터 함께 지내며 상좌의 연으

맑은 가난

로 남다른 애정이 깊었던 어른 스님의 상실감과 허탈해하시는 모습에 안타까운 심정이었다.

다비식은 추석 다음 날이었다. 그날은 나에게 은사 스님을 소개하고, 수계한 이후로는 경전 공부하는 데 필요한 경전과 책자는 물론 정진할 수 있도록 뒷받침을 든든히 해 주시던 노비구니 스님의 입적일이었다. 2008년도였으니 어느덧 10년이 조금 지났다. 당시 백양사 강원의 강주 소임을 보고 있었는데, 비보를 받고 공주까지 두 시간 내내 참 많이도 눈물을 흘리며 운전했다. 영결식을 마칠 때까지 3일 동안 흘린 눈물은 말로 할 수 없을 정도였다.

출가 전 주말이면 종종 스님을 뵈었다. 스님과 얼마간 대화를 하다 보면 그 자리에서 스르르 잠이 들어 한참을 잠들곤 했다. 참으로 편안했기에 아예 주말에는 책을 챙겨 뵈면, 고시를 준비하는 수험생들이 머무는 처소에 배려를 해 주셨다. 그렇게 인연이 되어 자연스레 경전을 접하게 되었고, 강원에서 한문 경전을 공부한다는 사실에 매료되어 출가를 결심하게 되었다.

강원시절, 고향 근처를 지나칠 때면 그간의 인연들을 만나곤 했다. 한번은 고등학교 은사님과 동창생 몇몇을 만나

자리를 했는데, 이전의 습이 발동되어 자리를 파하고 거나한 상태로 스님을 뵈었다. 다음 날 아침, 아침 공양도 못하고 등을 떠밀리듯 떠나왔다. 하지만 객기에 노심초사하면서도 정진을 당부하며 후원을 아끼지 않으셨다.

상좌 스님이 들려준 일화다. 가을날 누렇게 익은 호박을 짐 져 날라 내려놓기가 무섭게 "이 호박은 누구, 저 호박은 누구!" 미리 지목해서 연락하기에 바쁘셨단다. 평소 베풀기를 좋아하셨다. 그래서 지금까지 보관하고 있는 5톤 트럭으로 한 대 분량의 책을 마련해 주셨기에 그동안 무리 없이 공부할 수 있었다.

홀연 세월이 흘렀나 보다. 근래 동문수학하던 도반 스님과 주변 비슷한 연배의 스님들 입적 소식을 간간이 접하며 어떻게든 갈무리하며 회향하는 마음으로 지내야겠다는 다짐을 하게 된다. 입적하신 월하 노스님께서 평소 하신 말씀이 새삼 와닿는다. "양가득죄兩家得罪!" 곧 열심히 정진해야지, 그렇지 않으면 승가僧家뿐 아니라 속가俗家에까지 허물이 된다는 말씀이셨다.

부처님은 자식을 잃고 깊은 시름에 빠져 어찌할 줄 모르는 이에게 "어느 집이든 죽음을 맞이하지 않은 집이 있는

맑은 가난

지 보시오!" 위로하셨다. 그동안 '시다림'을 통해 느끼는 감상이다.

생야일편부운기 生也一片浮雲起
사야일편부운멸 死也一片浮雲滅
부운자체본무실 浮雲自體本無實
생사거래역여연 生死去來亦如然

구름 한 조각 일어났다 사라지는 것이 생사요,
구름이 어찌 실체가 있으리오. 생사 또한 그러하니라.

어느 대기업 회장의 유품에 '공수래공수거 空手來空手去' 편액이 걸려 있었다고 한다. 정말이지, 열심히 정성껏 최선을 다한다는 각오를 하면서도 얼마만큼 담담하게 마음을 내려놓고 지내야 할지 반문해 본다.

발심發心

방학 _____ 放學

불교대학이 방학을 하면서 왠지 마음이 휑한 느낌이다. 포교국 소임을 본 다음 날부터 달포 기간 동안 정신없을 정도로 강의하고 맞이하게 된 방학이기에 더욱 그렇다. 종강을 하는 날엔 법당에서 사회를 보았다. 그동안 많은 행사를 보고 겪으면서 이렇다 할 사회를 본 일이 없었기에 여간 신경이 쓰이지 않았다. 의식에 앞서 식순에 따른 동선 파악과 몇 차례에 걸쳐 멘트를 수정하면서 사회자의 애로를 새삼 알게 되었다. 다행히 매끄러운 진행과 말미의 짤막한 위트가 좋았단다. 위안이 되었다.

강원에서는 해제에 맞춰 한 달가량 방학을 한다. 그때마

맑은 가난

다 만행을 함께 한 도반 스님이 있다. 도반 스님은 평소 계행이 여법하여 동행할 때면 내심 든든한 마음이었다. 하지만 주위에서는 객기가 많은 나와 비교하면서 행여 계행에 장애가 되지 않을까 하는 우려가 있었다. 기우였다. 오히려 계행에 방해되지 않도록 배려한 것은 이쪽이었다.

그래서 도반 스님도 그것을 믿고 만행을 함께 했다. 만행할 때면 가장 신경 쓰이는 일이 공양이다. 한번은 식당에 들러 백반을 시켰다. 나물 반찬에 조그마한 생선 한 마리를 곁들이며 주방에서 소곤거리는 소리가 들렸다. "드실까?" 끝내 손이 가지 않았다. 계산대에 이르렀을 때는, 저쪽 한편에서 공양하시던 어느 보살님의 계산이 있었다. 그럴 때마다 출가의 의미를 다시금 돌아보게 된다.

요즘 그 도반 스님은 불과 얼마 전까지 강원에서 강의하고, 십수 년 전 선원에서 몇 안거를 성만한 이래 이번에 두 번째로 선원에서 정진하고 있다. 수일 전 대중공양으로 인편에 모처럼 공양금을 전했다. 인사와 함께 게송을 풀이한 문자가 왔다. "계곡에 흐르는 물은 본시 무정無情의 상징이거늘 도대체 누가 저 산중에 있기에 유심有心의 낙엽을 자꾸 떠내려 보내는가!" 자못 기대가 된다.

그랬다. 그동안 여러 차례에 걸쳐 선원에서 정진할 때면 지내 온 일상을 말끔히 지우듯 새로운 각오와 결의를 다지는 계기가 되었다. 그리고 이어진 일상은 늘 새로이 도전하고 시작하는 심정이었다. 분명한 것은 정진의 끈을 놓지 않겠다는 결의는 반드시 정진의 분위기로 이어진다는 것이었다.

2018년 BBS불교방송에서의 『법화경』 강의를 시작으로 『원각경』 강의 방송과 지금까지 하고 있는 『불교신문』 연재까지 정진의 끈을 놓지 않게 해 주는 일이라 여겨 감사한 마음이다.

거기에 불교대학 강의는 여러모로 스스로를 시험하고 점검하는 계기가 되고 있다. 어떻게 응용해서 쉽게 전달하여 가슴에 와닿게 할 수 있을까 때때로 행복한 고민을 한다. 특강 시간에 이고득락離苦得樂 곧 괴로움을 여의고 열반인 행복을 얻는 것이 불교의 목적이라는 설명을 하면서 부른 노래가 있다. "행복이 무엇인지 알 수는 없잖아요. 당신 없는 행복이란 있을 수 없잖아요. 이 생명 다 바쳐서~" 거사님의 감상이다. "여섯 번을 곱씹어 반복해 부르면서 눈물을 흘렸습니다."

방학에는 방심放心으로, 하던 공부를 게을리할 수 있겠다. 그동안 미뤘던 경서를 챙겨, 막방일莫放逸 곧 게으름 피우지 말라는 훈시를 되새겨 본다.

발심發心

반연_____攀緣

외부의 환경 곧 대상에 따라 마음이 변하는 것을 반연^{攀緣}
이라 한다. 마치 소나무에 등나무가 의지해서 감싸고 있는
모습과 원숭이가 나무에 매달린 형상이겠다. 서로 공생하
면서도 무리하게 감싸면 둘 다 제자리를 지키지 못하거나,
아차하면 나무에서 떨어질 수 있다는 것이다. 이는 수행자
가 여러 정황이나 정진력에 걸맞게 신도를 제접해야지, 의
지하고 의탁함이 지나치면 번뇌 망상으로 변할 수 있다는
것을 의미하겠다.

1985년 초가을. 출가의 짐은 단출한 봇짐 하나에 조그만
수첩을 챙긴 것이 전부였다. 수첩엔 그동안 인연이 된 200여

명의 연락처가 빼곡히 적혔다. 어려서부터 어려운 환경에서 남다른 도움을 많이 받아 마음속에 늘 감사한 분들이 대부분이었기에, 출가 한 달 전부터 대략 인사를 드렸다. 격려와 만류가 엇갈렸다. 어느 친구는 사흘을 도시락 싸들고 애원하듯 부여잡았다.

중학교 때 은사님은 "자네는 그동안 출가하기 위한 생활이었던 것 같네!" 격려하셨다. 주위에서는 '공무원으로서 지낼 만할 텐데…' 아쉬워하며 만류하는 분위기였고 가까운 권속은 더욱 그랬다. 그렇게 잊을 수 없는 인연들을 기록한 연락처였기에 수계 이후에도 한동안 간직하고 있었다.

출가한 지 8년쯤 되던 해에 법주사 강원에서 『서장』 강의를 했다. 전반적인 내용은 간절하고 절실한 마음으로 참선을 하라는 가르침이다. 매번 강의 준비를 하면서 가슴을 뜨끔하게 울릴 때가 잦다 보니, 어느 날 홀연 걸망을 지게 됐다.

산문을 나서기 전, 그동안 지참했던 수첩을 그제서 태웠다. 잊기 위해서가 아니었다. 불문佛門에 귀의하여 불법佛法으로 인한 인연인가 하는 자책감이 들어, 그렇다면 무엇보다도 정진력에 대한 확신이 있어야겠다는 마음에서였다. 비로소 출가의 의미를 되돌아보게 되었다.

발심發心

이후 걸망 하나에 의지하여 절실한 마음으로 제방에서 참선했던 날들은 오늘이 있게 했을 뿐만 아니라, 2010년 선원의 전통과 관습 그리고 납자들의 정진하는 모습에 동화되어 함께 정진한 경험을 『선객』 책자로 출간하였다. 발행된 지 두 달여 지나, 학창시절 고등학교 동창들이 구독하고 입소문으로 30년 만에 30여 명의 동창생들이 각지에서 한데 모여 왔다. 당시 선운사 강원의 강주 소임을 보던 터이기에 명함도 한몫했지 싶다.

한 세대를 지나는 만남에 멈칫한 어색함은 때마침 차담으로 준비한 엿을 내면서 "30년 만에 만나 엿 먹어서 되겠나요!" 한바탕 웃음은 이내 화애로운 분위기와 함께 『선객』에 대한 소감으로 이어졌다. 사전을 옆에 두고 세 번을 읽었는가 하면, 간간이 눈물겨운 정진에 감동이었단다. 사실 호기와 곡차에 대한 내용은 발로참회發露懺悔 곧 스스로 드러내어 참회하는 심정으로 서술했음에도, 파격적인 모습에 오히려 인간적인 정을 느꼈단다.

그날은 4시간여 예정된 산행과 바닷가 식당까지 일행과 함께 하는 동안, 어설픈 입전수수入廛垂手 곧 시중에서 어우러진 모습 그대로였다. 다음 날 회의가 있어 운행해야 할 차량이 마을에 있다는 것을 깜박할 정도였으니, 단체로 이동한 동창들 또한 대부분 비몽사몽간에 도착했단다.

그날 이후, 참으로 오랜만에 처음으로 소리 내어 마음껏 웃어 봤고, 그간의 편견이 사라졌으며, 종교에 상관없이 편하다며 여타의 동창들까지 많이들 방문했다. 『선객』은 그 해 연말 '문화체육관광부 우수 교양도서'로 선정됐다.

행여 반연을 넘치게 제접한다 해도 늘 정진하는 모습에는 포용되고도 남으리라. 모쪼록 수많은 반연을 제도할 수 있는 정진력으로 불법이 온 누리에 홍포되기를 발원한다.

발심發心

도개걸윷모

명절에는 사찰에서도 윷을 논다. 전 대중이 함께 참여하는 섣달그믐날 저녁은, 규모가 큰 도량에서는 선원 강원 율원 종무소별로 자리가 되지만, 그렇지 않은 도량에서는 큰방에 대중이 한데 모여 즐긴다. 그것은 한 해를 보내면서 대중의 화합을 바라고 액운을 떨치는 의미가 있다.

윷은 지역에 따라 종자기에 담는 형식과 밤나무로 깎아 손에 쥐는 윷이 있다. 그동안 지내는 처소마다 윷은 나의 담당이었다. 밤나무를 적당한 길이로 잘라 두 토막을 네 조각 내어 낫으로 깎다 보면, 가늘고 얇은 부산물이 수북이 쌓여, 대중들이 그냥 지나치지 않는다. 낫 하나로 동그

맑은 가난

스름하게 다듬는 것을 보고 신기해한다. 윷은 동그랗게 되어야, 던졌을 때 바닥에 닿는 순간 서로 부딪쳐 또르르 굴러 가슴 쪼이듯 긴장하는 것이 제 맛이겠다.

대중의 상황에 따라 많은 경우에는 종일 다듬는 모습에 지나는 스님들이 빙긋이 웃을 때면, 내심 분위기 조성이 되었다 싶어 이쪽에서도 미소를 짓는다.

윷은 밤나무가 제격이다. 바짝 마른 후에도 단단함에서 부딪치는 소리가 경쾌하다. 그래서 한참을 보관해 온 윷이 지금도 있다.

그날의 백미는 '모'와 '윷'이다. 윷과 모를 번갈아 두세 번 하게 되면 청백 진영을 떠나 환호한다. 수희공덕隨喜功德 곧 함께 즐거워하는 공덕이겠다. 그렇게 판이 무르익어 앞서던 포개진 말을 '도'로 잡는 경우엔 박장대소다. 모와 윷이 대박(?)이라면 긴요할 때의 '도' 또한 그 이상일 때가 있다.

그날은 경품이 푸짐하다. 어른 스님의 글과 그림, 더불어 인근에 자리한 도자기를 굽는 가마에서는 가격이 상당한 다구들을 보시한다. 그로 인해 윷판의 열기가 더욱 후끈할 때가 있다.

발심發心

지난해에는 선원에서 명절을 지냈다. 통도사 인근에는 유명한 도자기 장인들이 많아 도자기 경품이 많았는데, 그중에 유독 차를 보관하는 항아리에 시선이 쏠렸다. 아니나 다를까, 평소 남다른 정진에 매진한 스님의 차지였다. 우연이지 싶어도 선원에서는 자타가 인정하는 정진제일로 꼽는 스님이 우승하곤 한다. 한번은 봉암사에서 윷 대신 '성불도成佛圖' 놀이에서 단 한 명만이 오르는 성불의 자리에 그 철에 가장 정진을 열심히 한 스님이 오르는 모습을 보고 100여 명의 납자(선객)들이 수긍을 했단다.

일찍이 봉암사에서 선감(禪鑑, 기본선원 스님 지도) 소임으로 꼬박 1년을 정진하던 동안거에 어김없이 윷을 놀았다. 경품 중에 눈에 들어온 다구가 있었다. 다행히 그 다구를 선택할 수 있는 차례가 되어 막상 그 앞에 서서는 대기하고 있는 스님들이 많다는 생각에 바로 옆에 있는 아담한 걸망을 택했다.

1년 후 백양사 강원의 강주 소임을 보던 어느 날, 봉암사에서 함께 정진한 스님이 보자기에 싸 온 상자를 열었다. 순간, 어떻게 이런 우연이 있을까 싶어 그만 눈을 크게 떴다. 그날 '찜'했던 다구였다. 강원 학인들을 제접하는 데 필요할 것 같아서 들고 왔단다. 이후 해제철이면 빠지지 않고 한 번씩 만나서, 배낭을 지고 지리산을 2박 3일 종주하곤 한다.

그 스님은 20여 년 전 법주사 강원에서 강의할 때의 인연인데, 강원을 졸업하고 줄곧 선원에서 정진하고 있다. 특히 그동안 용맹정진과 가행정진하는 처소를 두루 다녔는데, 마침 이번 철에는 통도사 선원에서 정진하고 있어 공양 때면 자주 눈인사로 반가움이 더해진다.

모쪼록 이번 명절에는 '모'나 '윷'의 흡족함과 요긴할 때 '도'의 마음으로 충만되어 넉넉한 한 해이기를 기원한다.

맑은 가난

강의 _____ 講義

강의講義는 곧 강석講釋 · 강설講說 · 강해講解이다. 교수教授하는 이의 설명에 의해서 이루어지는 수업이겠다. 그동안 강원에서 10여 년 강의를 하면서 다분히 원전 곧 한문으로 된 경전이었기에 전통방식에 의한 강의였다.

강원에 처음 입방한 학인은 『치문緇門』을 공부하는데, 공교롭게도 백양사와 선운사에서 강주 소임을 볼 때는 경반(『화엄경』 공부)과 함께 『치문』 과목도 동시에 강의를 했다. 특히 『치문』을 공부하는 학인은 당일 배운 대목을 다음 날 어김없이 암송을 해야만 한다. 그렇게 4~5개월 동안 함께 외워서인지, 자연 암기력뿐만 아니라 여타의 일까지도 기억을 되살리게 한다. 어쩌면 지금의 글을 쓰면서 새록새록 지난 일을 상기想起할 수 있는 것도 그때의 덕을 톡톡히 보는 듯하다.

당시의 학인은 강원 스님들이 한데 모여 연례적으로 행사하는 경전 경시대회에서 늘 우수한 성적을 거두어, 덩달아 자부심과 보람을 느끼게 했다. 그리고 강의하는 경전마다 『화엄경』은 물론 사교四教 과목인 『능엄경』 『금강경』 『기신론』 『원각경』을 학인 스님들과 함께 간경하듯 전체를 공부했다.

일찍이 어른 스님과 앞선 스님들로부터 경전에 대한 확신과 믿음을 갖고 있었기에, 그러한 믿음과 확신이 있어 불자들을 상대로 누차 경전을 강의할 때면 많은 이들로부터 어렵다는 말을 들으면서도 고집스레 한문 원전으로 강의했다. 게다가 재미없다는 말과 함께.

이번 하안거 결제를 하면서 사중에 포교국 소임을 보고 있다. 승가에서는 경전을 공부하거나 여타의 소임을 보거나 무엇을 하든 간에 '본다'는 표현을 한다. 그것은 곧 어떠한 상황에서도 늘 마음을 챙기며 정진하는 자세로 임하라는 의미에서 그렇게 표현한다.

포교국에서는 사중에서 매달 발행하는 『통도』의 편집과 불자들을 대상으로 하는 불교대학을 관장하고 있다. 처음

맑은 가난

회보를 편집하면서 말미에 후기를 적었다. 현 세태와 함께 편집을 하게 된 감상을 나름 정리했다.

"꽃 진다고 아쉬워할 일이 아니었습니다.
무성한 잎에 토실해지는 열매가 채워 주고 있습니다.
무엇을 잃었다기보다는
진일보進一步의 마음이 절실한 때입니다.
어우렁더우렁 지내온 날들이여
또다시 한바탕 어우러져 볼거나
그 속에서 편집도 한몫할까 보다."

불교대학은 전부 열두 개 반으로 편성하여 800명이 조금 넘는다. 신종 코로나바이러스 감염증(코로나19)으로 인해 거듭된 연기로 예정보다 다소 늦게 개강하여 방역 준칙을 준수하면서 진행하고 있다. 갑작스러운 소임으로 전담하는 세 반과 입문과정 네 반의 특강을 담당하고 있는데, 한 달조금 넘는 기간이지만 많은 보람을 느낀다.

처음 강의하는 『금강경』을 공부하는 반에서는, 마침 밖에 촉촉한 비가 내리고 있어, 비에 관한 노래를 한 곡 할 심사로 "비는 하늘에서만 내리는 것이 아니라 내 가슴에도 비가 내립니다" 뜬금없는 한마디에 일부 뜨악한 표정 속에 한 곡 했다. "아무도 미워하지 않았고 외로움도 주지 않았는데 오늘 내 가슴에 쏟아지는 비 누구의 눈물이 비 되어 쏟아지나~."

부드러운 분위기에 '항복기심降伏其心' 대목을 설명했다. 중생을 제도했다는 마음과 누구에게 보시했다는 생각에도 머물지 않는 이상離相 곧 상相을 여의는 의미와 통한다는 내용이 새삼 가슴에 와닿았다. 효학반敎學半 곧 강의하면서 배운다는 말을 실감한다.

작문 _____ 作文

　체험하고 사유한 바를 분명하고 논리적인 질서로 표현하는 일이 작문作文이겠다. 지금 쓰고 있는 글이 과연 그에 부합하고 있는지 돌아보게 된다. 애당초 생각하기를, 출가하여 강산이 세 번 변하고도 몇 해가 지나는데 무엇인가 정리하고 갈무리해야겠다는 소박한 마음에서 선뜻 글을 쓰게 되었다. 정녕 무모한 결정인 줄 알면서도 이렇게라도 시은施恩에 보답해야 하지 않을까 하는 마음이 앞섰다.

　10년 전, 1년을 연재할 때는 애끓는 심정에 환장하겠다는 표현을 쓸 만큼 문장이 되지 않아 괴로워한 일이 한두 번이 아니었다. 다행히 지금은 긴장되면서도 조금은 담담히 임할 수 있어 스스로 위안이 된다.

돌아보면, 지난날 인연으로 이렇게 글을 쓰고 있지 않나 싶다. 일찍이 초등학교 4학년 때부터 일기를 썼고, 그렇게 출가 전까지 줄곧 쓴 일기장은 친한 친구에게 전해 주었다. 어려서는 책 읽기를 좋아해서 한때는 칠갑산 대표로 글짓기 대회에 종종 나갔고, 어른들로부터 "소나기에 곡식 넣어 놓은 멍석이 떠내려가도 나 몰라라 할 녀석!"이라는 지청구를 이따금 들었다.

1985년 초가을. 출가할 당시만 해도 농촌에서는 대부분 소여물을 가마솥에 직접 끓였다. 땔감 대신 4단 서랍장에 가득한 편지를 일일이 살펴 아궁이에 불태우며 마음을 정리하는 동안 여물이 끓었다. 본격적으로 편지를 쓰게 된 것은 중학교를 졸업할 무렵이었다. 고등학교에 진학할 수 없는 형편이었기에, 소양이라도 갖춰야겠다는 생각으로 중학교 3학년 중반에 급우들로부터 문학 서적을 모아 꽤나 읽었다.

그 와중에 국어 선생님으로부터 "열 번 읽으면 연애편지에 달통한다"는 말씀을 듣고 괴테의 『젊은 베르테르의 슬픔』을 다섯 번 정도 읽었다. 후반에는 고등학교 입학시험이라도 치르겠다는 결심을 하고 시험공부에 매진한 관계로 열 번은 채우지 못했다. 합격통지를 받고 이내 마음에 두었던 여학생에게 편지를 썼다. 답장을 받고 고등학교 졸업할 무렵까지 3년여 주고받은 편지가 참 많았다.

이후 4년여 공무원 생활을 하면서 여자 친구들과 만남 대신 주고받은 편지 또한 만만치 않았다. 게다가 그 무렵 현역으로 입대한 세 명의 친구들로부터 일주일이 멀다 않고 날아오는 편지에 일일이 답장하여 받은 편지까지 모조리 불태우며 소여물을 끓였는데, 아마도 지금 쓰고 있는 문장력의 바탕이 되었지 싶다. 공연히 객쩍은 말을 한 것 같아 민망하다.

작문함에 있어 무엇보다도 경험과 독서가 중요하겠다. 되짚어 보면 강원에서의 5년간 경전 공부를 필두로 송광사와 통도사 율원, 종단에서 설립한 은해사의 전문 강사 양성을 위한 삼장 경학원에서 도합 5년 넘게 경전 공부에 몰두했다. 특히 잠시 대만에서 어학연수를 했는데, 그동안 경전 공부를 하면서 미진했던 문장구조에 대한 파악과 한·중 불교교류의 행사에 몇 번 참석하면서 직접 소통하지 못한 아쉬운 마음이 컸다.

발심發心

경전 강의는 10년 넘게 했다. 통도사 강원에서 공부하며 4~5년 차에 2년간 『초발심자경문』 『사미율의』 『치문』을 강의했으며, 해인사와 법주사에서는 강사 소임으로 『서장』 『능엄경』 『금강경』 『기신론』 『원각경』을 4년간 강의했다. 백양사와 선운사에서는 강주 소임으로 6년간 『치문』과 『화엄경』을 동시에 강의했는데, 방송과 신문을 통한 강의와 연재는 너무나 생소하면서도 소중한 경험이었다. 구슬이 서 말이라도 꿰어야 보배라 했다. 회향 때까지 기도하는 마음으로 임하고자 한다.

맑은 가난

출가 _____ 出家

1985년 9월. 출가해서 하룻밤을 자고 난 다음 날 은사 스님을 뵈었다. "왜 출가했나?" "좋아서요!" "출가 생활은 좋다고 해서 지내는 곳이 아니여!" 어느덧 35년 전의 일이 되었다.

혼히 출가하면 무슨 사연이 있는지 궁금해한다. 그랬다. 출가 3일 전, 이전에 사귀었던 여자 친구로부터 연락을 받고, 고향을 떠나는 날 괴나리봇짐을 챙겨 읍내 찻집에서 만났다. "그 짐이 무슨 짐인가요?" "출가하는 짐입니다!" 잠시 침묵이 흘렀다. 이윽고 "다시 풀 수 없나요?" "장부의 결심인데 어찌 다시 풀 수 있나요!" 말을 하면서도 입술은 잠

자리 날개처럼 떨리는 느낌이었다. 묘했다.

밖으로 나왔다. 그날은 비가 내렸다. 우산은 하나였다. 둘은 우산을 받쳐 들고 읍내를 한 바퀴 돌았다. 정류장에 도착하여 먼저 버스를 태워 보내면서 마치 그쪽이 출가하는 기분이 들었다. 사귀었던 여자 친구에게 보내던 유명한 시인의 시 구절이 있다. '회오리바람이 그를 껴안을 기회를 갖다 주었어도 나는 끝내 그의 행복을 빼앗지는 않았다. 그의 행복이란 모든 것에 가난한 내 곁을 떠나는 것이었다.' 그날은 마음속으로 읽었다. 요즘이 딱 그 철이다. 웬비가 그렇게 억수로 오는지 예전의 감상이 아니다.

출가인을 힘들게 하는 일이 있다. 까딱 정에 흔들리는 경우다. 강원시절 어느 강사 스님으로부터 들은 일화다. 어느날 이따금 내왕하던 한 여성이 그러더란다. "스님이 머리를 기르시겠어요, 아니면 제가 머리를 깎을까요?" 아무 말 못하고. 한 달쯤 지나 다시 와서 하는 말. "스님! 저 시집가요." "휴!" 했단다. 굽은 나무가 산을 지킨다고 했다. 다행히 내겐 모양새가 빠지다 보니 그다지 그러한 일로 힘들어한 기억이 없다. 다만 객기로 인해 실수하지 않았으면 하는 바람이었다. 지금까지 유지한 것을 감사하게 생각할 뿐이다.

맑은 가난

행자 생활은 은사 스님을 정하고 낙산사에 입산하여, 때마침 누렇게 익은 호박을 짐 져 날라 내리 사흘을 그러고 나서 방이 정해져 열 달쯤 지내고, 수계식에 임박해서는 본사인 이곳 통도사에서 두 달을 지냈다. 본사에는 행자들이 많아 상·하 행자의 구분이 엄격한 만큼 규율 또한 엄했다. 어느 상上행자는 하심下心을 배워야 한다면서 책상 위에 조그만 돌을 올려놓고 절을 하랬다. 불법不法이 불법佛法인 양. 어찌 됐든 그러한 하심도 한몫하여 이제껏 유지되지 않았나 생각이 든다.

당시 행자실 앞에 연로한 노스님이 계셔서 잠시 시봉을 했다. 스님께서 사시예불 시간에 맞춰 대웅전을 시작으로 열두 법당과 전각을 빠짐없이 참배하실 때면 옆에서 모셨다. 하루는 대웅전 앞에 걸려 있는 주련 글을 여쭙자 도량에 있는 주련을 모두 해석해 주셨다. 다음 날 "행자가 한 번 해석해 보게나!" 기억을 더듬어 석사(釋辭, 말의 의미를 밝힘)하는 내내 별다른 말씀이 없으시고 말미에 "행자는 글속이 있어 글을 봐도 되겠구먼!" 덕담을 하셨다.

수계 후 은사 스님과 함께 방장이신 월하 노스님께 인사드리는 자리에서 은사 스님은 "이 상좌上佐는 학부 공부를

맑은 가난

마다하고 강원 공부를 고집합니다." 노스님은 "이다음에 강사라도 해야겠구먼!" 하셨다. 그래서일까, 강원에 입방한 다음 날 큰 방에서 호명하시며 발우 시봉을 맡기셨다.

2년간의 발우 시봉 이후에도 『화엄경』 공부를 하는 내내 줄곧 살펴 주셨다. 지금까지 정진하면서도 경전 공부의 끈을 놓지 않았던 것도 그러한 훈기의 덕택이라 여겨진다. '지금까지 무엇을 했나!' 돌아볼 때, 아쉬움 속에서도 이렇게 지낼 수 있게 되어 새삼 그 은덕에 감사드린다.

발심發心

도반 _____ 道伴

　함께 보고 행하여 종일토록 법문을 논의하고 마음을 운용하는 데 있어 터럭만큼의 어긋남이 없이 천 리 길을 더불어 가는 이를 도반^{道伴}이라 한다.

　부처님의 10대 제자 중에, 해박한 지식과 빼어난 통찰력을 갖추고 교단의 통솔에도 능력을 발휘한 지혜제일의 사리불과, 돌아가신 어머니를 제도하여 백중날의 우란분절 유래가 된 신통제일의 목건련. 곧 사리불과 목련존자는 세속에서부터 절친한 친구로 출가해서까지 함께 정진한 도반의 본보기를 보여 준다.

　도반의 반^伴 자를 파자하면 본인^人의 반^半을 함께한다는 의

미로서, 그만큼 도반에 따라 절반이 좌우된다 하겠다. 그 도반 스님들이 멀리는 행자실로부터 가까이는 선원에서 정진한 도반들로서 요즘 이웃해서 지낸다.

행자실에서 만난 도반은 강원에 처음 방부하면서 약속이라도 한 듯 결의하기를, "우리는 『화엄경』까지 공부해요!" 했다. 그 언약은, 사중의 배려와 당시 강주 스님과 학인 대중의 한결같은 성원으로, 강원을 졸업하고 별도로 2년의 기간 동안 『화엄경』의 현담과 본문을 공부할 수 있었다.

도반 스님은 이후 강원에서 20년 넘게 강의를 했고 경전 연찬을 하면서 대략 2000게송을 암송했다고 하니 그저 경이로울 정도다. 뿐만 아니라 일찍이 일곱 살에 입문하여 철저한 계행과 위의가 출중하여 접하는 이들로 하여금 신심을 북돋아 상당한 반연들이 왕래한다. 덕분에 시은施恩을 공유할 때가 있다. 옛말에 큰 나무 아래 작은 나무는 혜택이 적지만, 큰 사람의 은덕은 많은 이에게 미친다 했으니, 늘 감사한 마음이다.

강원시절부터 정겹고 스스럼없는 도반 스님도 함께 지낸다. 스님은, 강원을 졸업하고 중간에 사중 소임과 말사에서 소임을 잠시 역임하고 줄곧 선원에서 정진하고 있다. 워낙

품성이 넉넉하여 주변에 대중들이 많은데, 평소 콩 한 쪽이 보관되지 않을 정도로 베푸는 일도 한몫하지 싶다. 성격 또한 돈후하고 개방적이어서, 일찍이 해외 성지와 사찰 순례에 안목이 트여 많은 대중들로 하여금 체험을 통해 신심을 북돋게 한다. 덕분에 1996년 이맘때, 난생처음 해외를 경험하게 되었는데 중국이었다.

당시 또 한 명의 도반 스님이 동반되어 3인이 뜻을 모아 상해 이남의 사찰을 한 달여 참배했다. 당도한 사찰마다 규모와 웅장함, 거기에 수많은 참배객을 보고 "아!" 하는 탄성이 절로 나왔다. 특히 불교가 전래된 현장을 목격한 심정이었으며, 1980년대 초반부터 불교 인재를 육성하기 위한 '불학원'을 참관하고 불교의 희망을 본 것 같아 너무나 뿌듯했다. 이후로는 해외에 나가는 일이 사치와 낭비라는 편견을 접고, 견문과 안목을 더없이 높이는 기회다 싶어 성지와 사찰 순례를 여러 차례 다녀왔다.

지금까지 누차에 걸쳐 권유와 추천으로 내세울 만한 이력을 쌓게 해 준 도반 스님이 있다. 현재 종단의 중역을 맡고 있는데, 흔히 말하는 KS마크 스님은 여러모로 모범적이다. 해서 다소 부족한 면이 있었음에도 그 도반의 신용보증으로 강원에서의 강의와, 본인이 담당하던 설법과 강의 자리까지도 설 수 있었기에, 효학반教學半 곧 가르치면서 배울 기회가 되었다.

손꼽을 도반 스님이 너무나 많다. 산속의 삶에서도 때론 인간사의 일이 있었기에 그때마다 위로와 외호를 해 준 도반, 잠시 은퇴한 마음으로 고향 근처 조용한 사찰에 칩거하듯 지낼 때에도 종종 들러 위안해 준 도반, 특히 객기와 곡차로 인해 불미스러웠음에도 상그레 지나쳐 준 도반들. 일일이 거론하지 못한 뭇 도반 스님들께 이 자리를 빌려 두루 감사드린다.

발심發心

祈
禱

2

───────────

기도

기도_____ 祈禱

불·보살의 가호와 함께 장애를 예방하고 제거되기를 간절한 마음으로 구하며, 나아가 참회와 서원까지도 발원하는 것이 기도이겠다. 특히 정월에는 새해를 시작하는 의미에서 많은 기도 입재로 명절의 풍경만큼이나 분주하다.

이곳 통도사는 적멸보궁 기도로 유명하면서도, 각종 법회와 기도, 거기에 연례적인 행사까지 겹쳐 도량이 늘 풍성한 분위기다. 그렇다 보니 평소 특정한 재일이 아니어도 참배와 기도하는 신도들을 많이 보게 된다.

요즘 아침 공양 후 도량에서 이따금 마주치는 부부가 있다. 이 부부는 도반 스님을 종종 방문하기에 자연스레 근

맑은 가난

황을 알게 되었는데, 10년 넘게 새벽예불에 참석하여 기도
한다고 했다. 그것도 부산에서 하루도 빠짐없이. 굳이 선입
견이 없어도 자체로 느낌과 훈기를 직감할 수 있다.

감사한 마음이면서도 한편으로는 그동안 얼마나 간절한
마음으로 기도한 일이 있나 돌아보게 되어 부끄러운 생각
마저 든다. 그 정성은 자녀들에게도 통해서 한결같이 안정
되게 자리 잡고 지낸다고 하니, 기도의 공덕이라 여겨진다.

일찍이 통도사에서 세 번이나 천일기도를 회향하고 지금
도 여전히 기도 일념인 스님이 계신다. 십대 초반에 동진
출가하여 승랍이 반백 년이 되었는데도, 평소 모습은 천진
스러움 그 자체다. 일상에 꾸밈이 없고 자연스럽다. 어쩌면
정진이 깊어질수록 동심童心과 동화되어 내로라하던 노스님
들도 어린이를 보면 금방 어우러지듯이 친해져, 경經에서 이
르는 실상實相 곧 있는 그대로의 참된 모습을 보는 것 같다.

스님은 기도와 함께 그간의 정진 여정이 화려할 정도다.
그 어렵다고 하는 강원을 두 번이나 졸업하고, 한문 경전을
심도 있게 보기 위해(경을 통해 마음을 비추어 본다는 의미에서 경을
본다고 표현한다) 저명한 유학자 문하에서 다년간 공부했다고
한다. 이에 난해한 글도 잘 풀어 때론 종결자적 역할을 하

기도 한다.

5년 전 백장암 선원에서 1년여 대중을 외호하는 소임을 봤다. 1년이 조금 지나 동안거 중간에 그만 소임을 놓고 줄 행랑치듯이 떠나오게 되어, 그때의 중압감이 한동안 돌덩이의 무게로 가슴에 얹혀 있는 기분이었다. 늦게나마 이 자리를 빌려 당시 대중 스님들께 참회드리는 바이다.

상황은 그랬다. 시장을 보아야 하는 아침에 통장을 확인하는 순간, 4만원 잔고가 눈에 들어왔다. 그저 난감했다. 그길로 짐을 싸서 한참을 운전해 오는 동안 많은 생각으로 뒤엉켰다. 어떻게 해야 하나. 출가해 강산이 세 번 변하기까지 정진한 결과물인 듯싶어 허탈함이 더해 초라하고 씁쓸한 심정이었다.

가까스로 짐을 풀고 하루가 지나 겨우 정신이 들었다. 기도였다. 문득 생각난 곳이 남해 보리암이었는데, 다행히 도반 스님이 소임을 맡고 있어 흔쾌히 거처를 정해 주었다. 한겨울, 법당에서 500여 미터 떨어진 곳에 기거하면서, 수도관이 얼어 필요한 물은 통으로 짐 져 날라 생활해야만 했다. 그 또한 기도라는 생각에 별반 불편함을 느끼지 못했다.

있는 동안 시간 되는 대로 법당에서 절을 하며, 가까스로 마음이 진정되고 추슬러졌다. 비록 한 달 남짓 기간이었지만 위안을 얻어, 이후의 생활이 이어질 수 있었던 소중한 시간이었다. 그동안 여러 정진 처소를 전전하면서도 이렇다 할 기도를 해 본 일이 없었는데, 새삼 기도의 위력으로 마음의 안정을 찾을 수 있다는 것을 실감했다.

평소 원력과 발원으로 기간을 정해서 하는 기도라면 신심증장과 함께 더할 나위 없겠다. 예상하지 못하고 힘든 일에 부딪히기에 앞서 미리 기도의 원력으로 모든 장애가 소멸되기를 축원드린다.

기도祈禱

절

'절에서 하는 것이 절이다.' 절은 치성致誠과 경배의 대상이기에 그렇게 말해 본다. 간혹 사찰에 들르겠다는 인사말을 "절에 한 번 놀러 가겠습니다" 한다. 불자들마저 무심코 그렇게 말할 때가 있다. 그럴 때면 정색하지 않고 "사찰은 참배와 순례를 하는 도량인 만큼 오셔서 차 한 잔 하세요!" 하면 그때서야 무색해하면서도 수긍한다.

절은 대략 3배, 9배, 108배, 1080배, 3000배와 3보1배로 구분되며, 지극하고 간절한 마음으로 해야 하기에 계수稽首 또는 귀명歸命이라 표현한다. 특히 반배半拜라는 표현은 저두합장低頭合掌이라 해야 한다는 주장이 있다. 그중에 3000배

는 각별한 의미를 더한다. 그간 몇 차례에 걸쳐 3000배를
했다.

1992년 여름. 송광사 율원에서 공부 중에 여름 수련회
습의사로 참여했다. 4박 5일 동안 묵언정진과 회향 전날에
는 철야로 3000배를 하는데도 지원자가 많아 몇 대 일의
경쟁을 거쳐야 했다. 회향 전날. 출가해서 처음으로 3000
배를 했다. 때마침 중진 스님 한 분이 아무런 예고 없이 동
참하셨다.

맨 앞에서 절을 하는 만큼 여법해야 한다는 생각이었는
데 처음 108배는 느리다 싶더니 이후에는, 속담에 '꽁지에
불붙은 장닭마냥!' 내리 절을 하셔서 젊은 내가 따라하지
못해서야 되겠나 싶어 똑같이 보조를 맞췄다. 밤 9시부터
시작하여 108배할 때마다 옮겨 놓은 염주 30알이 한쪽으
로 모두 채워졌다.

중간에 한 번도 쉬지 않고 마친 시간이 새벽 2시가 채 되
지 않았다. 평소 웬만해서는 땀이 적은 편인데 그날은 온
몸이 땀으로 흠뻑 젖었다. 몸은 너무나 가볍고 개운한 느
낌에 구름 위로 날아오를 것만 같았다. 회향 후 한동안 많
은 분들로부터 위로와 함께 여러 통의 편지까지 받았다.

1995년 통도사 율원에서 공부할 때는 통도사와 해인사에서 스님들 수계산림의 인례 소임을 보았다. 3주간 교육에 3보1배와 회향 전날 밤에는 어김없이 3000배를 했다. 공교롭게도 두 번 모두 맨 앞에서 혼자 시범을 보이듯 하게 되었다. 이후 당시 수계한 스님들로부터 종종 인사 겸 덕담을 들었다. "3000배를 마친 모습이 어찌 그리 맑아 보이던지 기억에 남습니다."

1998년 가을. 은해사 삼장 경학원에서 공부하던 중에 스님들 수계산림의 인례 소임을 통도사에서 보았다. 그때 했던 3보1배는 아직도 기억이 생생하다. 산문에서 대웅전까지 2킬로미터쯤 되는 거리를 맨 앞에서 혼자 시범을 보였다. 1킬로미터쯤 왔을 때는 땅에 무릎이 닿을 때마다 온몸에 통증이 느껴질 정도였다. 중단하고 싶은 생각은 굴뚝같았지만 포기하려는 수련 스님들까지 챙기는 입장에서 도저히 낙오할 수가 없었다.

후에 알았는데, 무릎에 도톰한 헝겊을 대었어도 무방한 일이었단다. 수계식을 마치고 열흘쯤 지나 우연히 무릎에 앉은 딱지를 확인하고 문득 의아한 생각이 들고서야 3보1배의 훈장(?)이었음을 알게 되었다. 그때도 회향 전날 맨

앞에서 혼자 3000배 시범을 보였다.

엊그제 주말에는 불교대학 강의하는 반에서 1080배를 했다. 20년 넘게 이렇다 하게 절을 한 일이 별로 없었기에 내심 불안한 생각도 있었다. 다행히 보름 전에 미리 예고했기에 새벽마다 108배를 한 덕이라 여겨진다. 당일엔 일찍이 강원에서 함께 공부하고 지금은 종무소 소임을 함께 보고 있는 소임자로서 평소 기도와 절로 일관해 온 스님까지 흔쾌히 동참한 자리였다.

행여 동참하지 못한 분들과 위화감이 있지 않을까 우려했는데, 몇몇 불가피하게 오지 못한 분을 제외하고 거의 모두 동참해서 낙오 없이 회향했다. 축원을 마치고 돌아서서 마주한 순간 한결같이 환한 모습에 되레 이쪽에서 감동이었다. 흐뭇한 주말이었다.

매화 _____ 梅花

경내엔 수령이 400년 가까운 매실나무가 있다. 일명 '자장매화'다. 통도사를 창건하신 자장스님을 기리며 숭고한 수행상을 잃지 않고 염원하는 뜻에서 그렇게 명명해 온다. 매화는 매서운 추위로 뼛속까지 사무칠 때 향이 더욱 짙어져, 마치 수행자의 구도 행각과 닮은 데가 있기에, 이는 자장스님의 굳건한 지계持戒를 설파하신 "계를 지키며 하루를 살지언정 계를 파하고 백 년을 살지 않겠다!"는 결연한 가르침을 이어 받고자 하는 뜻이겠다.

임진왜란 후 소실된 영각 곧 역대 조사들을 모신 전각을 건립할 당시 홀연히 섬돌 아래 싹이 튼 매실나무로, 이른 봄 가장 먼저 꽃을 피워 상춘객과 함께 갖은 장비를 갖춰

앞다투듯 촬영하는 이들을 맞이한다. 일찍이 소원성취와 사랑하는 이들의 인연을 굳게 맺어 준다 해서 더욱 이름이 나 있다. 더불어 요즘 많은 일들로 시름겨운데, 원만히 해결될 수 있는 서기瑞氣까지 더해졌으면 하는 바람이다.

1990년대 초반, 소설『동의보감』을 읽으며 당시 유행하던 전염병으로 속수무책의 궁지에 이르러 매실로 퇴치하는 장면에 감동했다. 하루속히 일갈에 처방할 수 있는 묘책을 찾아 이 난관을 극복하여 평온한 일상으로 되돌아갈 수 있기를 간절히 기도하는 바이다.

처음 행자실에서 만나 강원을 함께 지내고 지금까지 각별하게 지내는 도반 스님이 있다. 30여 년 전 스님들을 초빙한 부산의 공연장을 함께 찾았다. 관람 중간에 주위에서 속삭이듯 들리는 말이 있었다. "어디서 매화 향기가 나네요!" 영문을 모른 채 공연을 마치고 돌아오는 길에 도반 스님이 살짝 말했다. 사실은 출발하기 전에 매화 몇 송이를 찻잔에 띄워 몇 잔 마셨는데, 무어라 말을 못하고 그저 속으로 살포시 웃었단다.

당시 교통이 여유롭지 않아 3~4시간 경과한 상황이었음에도 퍼뜩 와닿았다. 수계한 이후 줄곧 5년 가까이 한 방에

맑은 가난

서 지냈기에 충분히 그럴 수 있겠다는 감상이었다. 강원시절 방학을 틈타 함께 만행할 때면 지나칠 정도로 철저해서, 일반 국수마저도 별도로 맹물에 말아 공양할 정도였다. 어느 불자는 그 모습에 '난초 스님'이라는 별호를 붙였다.

정좌처다반향초靜坐處茶半香初 곧 고요히 차를 마시는 중간에 향을 사른다는, 고요함 속에서 차와 향이 끊이지 않고 이어짐은 정진의 끈을 놓지 않는다는 의미가 아닐까 싶다. 여기서 다반향초茶半香初만을 떼어 별도로 풀이해 본다. 음다飮茶 곧 차를 마신 지, 반시半時 곧 반나절이 지났음에도, 향초香初 곧 차 향은 처음 그대로이다. 정리하면, 차를 마신 지 반나절이 지났음에도 차 향은 처음 그대로일러라. 도반 스님에게 딱 어울리지 않나 싶다.

지난해와 달리 '자장매화'에 대해 다소 아쉬움을 토로하는 소리를 듣는다. 확연히 표가 나게 전지해서 꽃망울이 빈약함에서다. 매서운 추위 끝에 꽃향기를 피우듯, 일정 부분 감내해야 하지 싶다. 워낙 오래된 수령을 고려해서 내린 힘든 결정이기에, 차후 더욱 아름다운 꽃무리로 어우러져 더 많은 위안이 되기를 기대한다. 금년의 아쉬움은 일주문 앞 능수 매화가 한창 뽐내듯 꽃을 피우고 있으니 맘

껏 감상해 빈자리를 채웠으면 한다.

　'자장매화'의 맞은편 영각의 끝자락 주련의 문구, 분향세발과여생焚香洗鉢過餘生 곧 향을 사르고(기도와 정진하며) 발우공양으로 여생을 지내노라 하는 글이다. 정진의 끈을 놓지 말라는 경책이기에 다시 한번 되새겨 본다. 더불어 요즘 힘겨운 일들이 하루빨리 일소一掃되어 봄날의 꽃다운 풍경을 다같이 감상할 수 있기를 간절히 기도하는 바이다.

재일_____齋日

제祭는 제사 의식에 한정된 의미인 데 반해, 재齋는 청정과 공경의 뜻을 함유하고 있어, 삼보에 공양하고 불공과 법회 그리고 천도의식까지도 포함하는 개념이다. 그래서 부처님 출가와 열반을 동등하게 재일로 표한다.

출가와 열반의 재일이 불과 일주일 간격이기에, 사중에서는 8일 동안 매년 정진 기간으로 정하고, 동시에 팔상성도에 맞춰 날을 정해 법사를 초빙해서 법회를 기획해 왔다. 예정대로라면 이번 주 '설산수도상雪山修道相'인 날에 법문을 했을 것이다. 너무도 많은 일들이 도미노 현상처럼 연이어 일어나고 있어 난감한 마음에 그저 법문을 예로 들었을 뿐이다.

난처한 일들을 어찌 손꼽을 수 있겠는가. 그럴수록 무엇보다도 당장 해결할 수 있는 일부터 찾아야겠다. 경전의 비유에 '독화살을 맞은 이에게는' 먼저 화살부터 뽑아야 한다고 했다. 많은 어려움을 극복한 경험에 비추어 지혜를 한데 모은다면 반드시 헤쳐 나가리라.

잠시 회상해 본다. 어느 때 가장 절실한 마음으로 정진했는지를. 1993년 이맘때였다. 법주사 강원에서 『서장』을 교재로 강의하던 어느 날, '출가한 지 10여 년 되는데 그동안 무엇을 했지' 하는 자성과 함께 '강의하기보다는 먼저 정진해야 할 때'라는 다짐을 하고 주위에 한마디 언질도 없이 훌쩍 걸망을 챙겨 산문을 나왔다.

그길로 내리 2년간 걸망 하나에 의지하여 가행정진(하루 14시간 이상 정진), 용맹정진(철야정진), 6개월 묵언결사의 참선을 했다. 1993년 늦가을, 납자 일곱 명이 지리산 반야봉 정상 부근 암자에서 보름 동안 용맹정진하는 중간에, 성철스님께서 입적한 소식을 듣고 모두가 한결같은 마음으로 더욱 다잡고 정진했다.

당시 체험으로는 일주일 고비를 넘기고 열흘이 지나면서 '이게 뭐지?' 하는 느낌이었는데, 낮과 밤의 개념이 사라지

맑은 가난

는 것을 감지할 수 있었다. 동시에 아주 짧은 시간이었지만 호흡을 하는지조차 인식할 수 없었고 마음 또한 평온해서 모든 의식까지도 사라져 육신의 존재감을 잊은 듯했다. 순간, 이러한 경지가 지속된다면 바로 '득도得道'이겠구나 하는 생각을 했다.

어떤 경지를 피력하기보다는 정진 중에 잠깐 느꼈던 체험으로 이해했으면 한다. 보름 회향 후 연장해서 정진했으면 했는데, 다행히 몇몇 납자들이 그해 동안거를 그대로 이어서 용맹정진하기로 결의하는 것을 보고 흔쾌히 동참했다.

지리산 겨울은 눈이 많이 내려 거의 왕래할 수 없기에, 동안거에 필요한 물품을 한꺼번에 준비해야만 했다. 그 모습을 지켜보던, 당시 산장에 물품을 날라 주며 지리산에서 10년 넘게 지내온 산꾼(?)도 신심을 내어 모두 다섯 명이 꼬박 보름 동안 노고단에서 반야봉까지 짐 져 날랐다.

이른 아침 공양 후 암자에서 주먹밥을 준비해서 노고단까지 내려오는 데 네 시간, 짐을 챙겨 반야봉 암자까지 오르는 데 여섯 시간쯤 걸렸는데도, 누구도 힘들어하는 내색을 하지 않았다. 짐 져 나르는 내내 한결같이 환희심 그 자체였다.

그해 동안거는 묵언과 함께 일종식과 용맹정진의 규칙을 정해 벅찬 심정으로 결제에 임했다. 한 달여 지나서부터 두통이 너무 심해 양해를 구하고, 밤 11시부터 다음 날 새벽 1시까지 두 시간 수면을 취했다. 몇 년 전 '부탄'에 순례를 가서 열 명이 넘는 일행 중에 유독 혼자서 두통으로 무척 고생한 일이 있었는데, 짐작건대 그때도 고산에서 느끼는 통증이었지 싶다. 그렇게 어렵사리 동안거를 회향했다.

사실 지난주엔 '순례'의 소재로 원고가 마무리될 무렵 순례로 인한 불상사를 보고 원고 마감 하루 전날 급선회해서 뜻하지 않게 거의 밤샘을 했는데, 정확하게 두 시간 수면을 취하고 마무리했다. 수행은 고행과 비례한다고 했다. 모쪼록 지금의 힘든 사태가 원만히 성취될 수 있도록 설산수도의 심정으로 간절히 기도드린다.

초파일

'부처님오신날'. 부처님께서 탄생과 함께 천상천하유아독
존天上天下唯我獨尊 곧 인간의 존엄을 외치며 일곱 걸음을 걸으
신 '초파일'이다. 신종 코로나바이러스 감염증(코로나19)으로
불가피하게 윤달 4월 8일로 한 달을 미뤘지만 날짜와 숫자
가 같으니 그나마 위안이 됐다.

일곱 걸음은 칠각지七覺支 곧 깨달음과 지혜를 의미한다고
했는데, 여기에 더해 지금의 유행병으로 뒤엉키고 꼬인 일
상의 어려움을 극복하고 퇴치하는 걸음도 함께 했으면 한
다. 또한 그 어느 때보다도 '빈자일등貧者一燈'의 의미가 더욱
소중하게 와닿는다.

전해 오는 얘기로 통도사는 일찍이 아궁이가 커서 나뭇

짐을 지고 들어갈 정도였다고 한다. 그만큼 큰 솥에 걸맞게 규모 있는 살림으로 많은 대중이 상주했다는 상징적 의미겠다. 불사가 있을 때는 그렇게 큰 솥과, 별도로 설치된 후원까지 동원된다.

강원시절. 어느덧 30년 하고도 몇 해가 지났다. 공양주를 하면서 맞은 초파일이었다. 당시 그 큰 솥은 평소에 공양을 짓는 솥이었는데, 단 한 번에 세 말 정도의 공양을 지을 수 있었고 별도로 설치된 네 솥단지도 그에 못지않았다. 그날은 이른 새벽부터 공양을 지었다. 큰 솥에 한가득 짓는 공양은 평소와는 사뭇 다르다.

중간에 공양 짓는 삽으로 전체를 섞어서 뒤집으며 적당히 물도 보충해야만 한다. 자칫 시간을 놓치거나 골고루 섞지 못하면 일명 '3층밥'이 되기 십상이다. 그리고 지피던 불도 잠시 아궁이 밖으로 급히 꺼냈다가 때맞춰 다시 넣어야 하기에 둘이서 한 조가 되어 호흡을 맞춘다. 그래서 상┴공양주와 하┮공양주가 있다.

그렇게 온종일 지은, 대략 20여 가마의 공양으로 끊임없는 인파를 충족했으니 축제 그 자체였다. 당시 사중에는 가을걷이가 끝나면 큰 창고에 나락이 담긴 가마니를 가득

저장하고 방앗간까지 갖추어져 있어 불사 때마다 필요한 만큼 직접 방아를 찧었다. 아련한 추억이 되었다.

강원에서는 주변 사찰로부터 각종 법회와 기도에 법사로서의 초대를 받아 현장체험과 함께 많은 경험을 쌓게 된다. 그러한 정황을 서로 나누다 보면 자연스러운 정보 교환으로 산 교훈이 된다.

강원 졸업 무렵, 경남 의령의 벽촌에 자리한 암자에서 초파일을 보냈다. 암자에 계신 스님은 그간 10여 년을 조용히 기도와 정진에 전념하여 주위에 많은 신뢰를 얻게 되었다고 한다. 해서 그날은 인근의 세 개 면 단위에서 많은 분들이 동참했다.

기억하건대 암자의 스님은 신도를 제접하고, 혼자서 오전 7시부터 오후 7시까지 대략 12시간을, 중간에 점심공양으로 30분 정도를 제외하고는 줄곧 법당에서 기도와 축원을 했다. 사시巳時불공 의식을 열 번 정도 반복하며 그때마다 접수된 600여 축원 카드를 빠짐없이 축원했다.

축원하는 내내 특히 연로하신 분들이 허리춤에 간직했던 꼬깃한 지폐를 꺼내어 회사함에 보시하는 광경을 목격하면서 참으로 많은 생각이 들었다. 산간벽촌에서 어렵사리 아

맑은 가난

끼고 모아 보시하는 모습에 왠지 짠한 감동에 가슴이 먹먹하고 찡했다. 행사를 마치고 챙겨 주시는 보시를 받기가 너무나 민망한 생각이 들었다.

시주와 공양물의 소중한 의미를 '일미칠근一米七斤' 곧 쌀 한 알에 일곱 근의 노력과 정성이 깃들었다는 표현으로 경각심을 일깨운다. 어느 노스님은 후원의 수채에 걸린 공양미를 손수 헹궈 드셨고, 때로는 후원 소임을 보는 스님들과 함께 나눠 드신 스님이 계셨다. 경건해진다.

요즘 간간이 우는 새가 있다. "솥 적다! 솥 적다!" 왠지 힘겨운 상황을 대변하는 것 같아 예사로 들리지 않는다. 그 울음은 곧 그치겠다. 지금의 어려움도 함께 그치기를 발원한다.

윤달

예전부터 윤달은 부정 타거나 액이 끼지 않는 달이라는 풍습으로, 승가에서는 생전예수재와 가사불사를 봉행하고 있다.

생전예수재는 과거의 '업보業報' 곧 과거의 행위인 업으로 인해 그 결과를 자신이 받아야 하는 죄업에 따라 윤회하는 업사상과 명부시왕사상의 결합으로 전생 빚을 갚음으로써 전생의 죄업을 덜어 내고 사후의 두려움에서 벗어나고자 하는 민간신앙이 불교에 흡수되어 신앙으로 이어진 의식이며 동시에 스스로 참회하는 의식이기도 하다.

그와 더불어 수륙재는 물과 육지의 일체 무주고혼을 구

맑은 가난

원하는 의식으로서 정토사상과 연계되며, 영산재는 석가모
니 부처님의 영산회상을 찬탄하는 일종의 법화사상과 밀접
한 관계가 되고, 칠성 산신 시왕^{十王}은 민간신앙이면서 불교
에 흡수되어 신앙으로 자리하게 되었다.

　명부^{冥府} 곧 사람이 운명 후에 염라대왕의 심판을 받게 되
는데, 시왕 중에 앞의 일곱 왕은 운명한 지 49일 동안 망자
의 생전 업행을 심판하여 다음 세상에 태어날 몸을 판정하
는 역할을 하며, 여덟 번째 평등왕은 사후 100일이 되어 형
벌을 다스리는 동시에 교화의 말씀을 들려주며, 아홉 번째
도시왕은 사후 1년이 되어 유족들이 『법화경』을 사경하고
불사에 동참하면 그 복력의 힘으로 고통에서 구제되며, 사
후 3년이 되어서는 열 번째 전륜왕이 지옥 중생을 통솔하
고 중생의 어리석은 번뇌를 다스리는데, 생전에 지은 업행
을 통해 다음 생의 태어날 곳을 판정한다.

　이렇게 해서 사후 49일, 100일, 1년, 3년의 재의식을 생전
예수재를 통해 시왕전에 기도한 공덕으로 극락세계를 예약
하는 의식이겠다.

　생전예수재는 천도^{薦度} 곧 운명한 사람의 명복을 빌기 위
해 법회, 독경, 시식, 불공 등을 베풀어 일체 영혼들로 하여

금 극락정토에 태어나도록 기원하는 의식과도 연계된다.

1989년 통도사 강원시절, 사중에서의 백중기도에 조부모와 모친의 영가를 모시고 기도를 했다. 출가 전에는, 몰두해서 책을 보다 보면 어느 순간 머리가 멍한 상태로 여러 날 신경을 쓰지 못하는 일로 큰 고민이었다. 그러한 연유로 자청해서 기도를 하게 되었는데, 회향 후 거짓말처럼 예전과 달리 정신이 맑아졌다. 이후에는 웬만큼 집중해서 경전을 접하는데도 이렇다 할 증상이 없어 기도에 대한 확신과 믿음을 갖게 되었다.

통도사는 입지적 여건이 사방에서 참배하기가 너무나 절묘하리만큼 편리하게 자리하고 있다. 인근의 양산, 부산, 울산, 경주, 김해, 마산, 창원, 밀양까지 1시간 남짓 거리에 위치해 있어 불자와 참배객이 유달리 많다. 멀리는 신라 천년의 깊은 불심이 바탕이 되었다고 한다.

이번 윤달의 생전예수재와 가사불사는 참으로 힘들고 어려운 상황으로 다소 아쉬움이 많았다. 마침 법문을 하게 되어 법회에 참석했는데 그날 세찬 바람이 불고 장대비가 내리고 있는데도 설법전에 동참한 불자들, 법회와 기도에 참석하기 위해 얼마나 일찍부터 마음을 가다듬고 정성을 다했을까 하는 생각에 가슴이 뭉클했다. 해서 법당에 들어서기 전에 이미 기도가 되었지 싶다. 감사하다.

일찍이 어른 스님으로부터 들은, 출가인은 '인과와 윤회'에 대한 확신을 갖고 수행해야 한다는 말씀을 늘 가슴에 새기고 있다. 불법佛法을 접한 모든 분들 또한 그러한 마음이어야 하리라. 힘들고 어려운 때일수록 그러한 믿음과 확신으로 기도해야겠다. 모두가 원만한 기도 성취하시기를 축원드린다.

병고_____病苦

몸과 마음에, 병으로 겪는 괴로움과 고통이 병고病苦다. 곧 병은 몸으로 겪을 뿐만 아니라 마음까지도 포함하기에, 몸으로 겪는 고통이 동시에 심정마저도 아프고 저리게 한다는 뜻이겠다.

4년에 한 번 주기로 대수술을 받는 스님이 계신다. 20대 초반부터 선천적인 청각 장애로 지금까지 무려 열 차례 넘게 수술을 했다는데, 평소 그러한 장애로 대수술을 한 느낌을 조금도 감지할 수가 없다. 일상이 자연스럽다. 물 흐르듯 그저 몸에 밴 기도와 정해진 시간에 사경寫經을 겸해 간경看經하는 모습이 너무도 편안해 보인다. 연륜과 경륜이 더할수록 내공內攻과 정진력이 몸으로 익혀진 모습 그 자체다.

스님으로부터 풍기는 평범함은 보통 생각하는 그런 평범한 감상이 아니다. 힘겨운 병으로 그동안 얼마나 많은 고뇌 속에 갈등과 고통으로 힘들었을 것이며, 무엇보다도 본인의 특성과 한계를 넘어서기까지 끊임없는 정진으로 승화된 모습이라 생각하니 경외심과 함께 자신을 돌아보게 된다.

2009년, 지금과 같이 『불교신문』에 꼬박 1년을 연재하면서 한 번도 수월하게 원고를 쓴 일이 없다. 매번 몸부림치듯 온몸으로 쓴 느낌이다. 그에 따른 고심은 고스란히 몸으로 전달되어 원고 쓰는 내내 피부병으로 이어졌다. 하필 한밤중 자정을 전후해서 2~3시간 동안 온몸에 가려움과 통증이 동시에 느껴질 때면 불쑥 극한 생각을 할 정도였다.

어느 날 문득 선禪에 관한 내용을 연재하면서 '정작 그동안 걸망 지고 만행한 참선은 무엇이었던가?' 자책감이 드는 순간, 그날부터 통증이 시작되는 즉시 좌선을 했다. 그렇게 1년여 진정을 하며, 때마침 인연 된 의사분의 세심한 보살핌으로 치유를 했다.

돌아보면 그동안 몇 차례에 걸쳐 고비라 생각된 시기에 이런저런 회의감이 들 때마다 어김없이 몸의 병도 함께 겪었다. 1990년 한여름, 출가해서 5년이 되던 해. 강원을 졸업하고 별도로 『화엄경』을 공부한 지 1년이 지났음에도 경전에 대한 확신이 서지 않고 마음의 갈등과 회의감이 불현듯 밀려들 무렵, 뜻하지 않게 한여름 몸살감기로 꼬박 일주일을 몸져누웠다.

　문제는, 막상 몸이 말짱해졌음에도 마음의 갈피를 잡지 못해 공허함과 함께 회의감에 빠진 일이었다. 난감할 즈음, 각성 강백 스님께서 감산스님의 저술 『중용직지』를 교재로 범어사에서 특강이 개설되었다. 첫 강의 한 시간을 듣고는, 그동안 4년의 경전 공부가 하얘진 듯 짜릿한 충격을 받았다. 일찍이 참선을 했더라면 '한 방망이' 맞았다는 표현이리라.

　잠시 심란했던 심정이 말끔히 사라지고, 열흘여 특강을 마치고 돌아와 『화엄경』 공부를 회향할 수 있었다. 출가해서 처음 맞은 기로에서 벗어난 순간이었다. 이에 관례처럼 전해져 온다. 출가하면 주기별로 때로 회의와 갈등으로 기로에 선다는 것이다. 해서 예전 스님은 아침에 눈을 뜨면 머리부터 만져 보았단다. 출가의 의미를 되새기며 마음을 다잡는 의미에서다.

경전을 공부함에는 학문적인 탐구와 종교적이고 신앙적인 공부로 구분 지을 수 있겠다. 나름 지내 온 공부를 되짚어 보면 다분히 후자의 측면이지 싶다. 해서 경전을 대하되 수행을 겸한다는 소신이었다.

목하 참으로 암담한 심정이다. 어찌 전염병과 재난이 엎친 데 덮친 격으로 올 수 있는가? 하늘이 무너지지 않는 한 극복되리라. 서산의 간척지 제방에 고 정주영 회장의 일언이다. "가려고 하는 사람에게는 없는 길도 생기지만, 가려 하지 않는 이에게는 있던 길도 없다." 희망을 갖자!

호압석 _____ 虎壓石

경내 대웅전 앞마당과 극락보전 옆에 소반^{小盤}의 넓이쯤
되는, 살짝 도드라진 반석^{盤石}이 있다. 일명 호압석^{虎壓石}이다.
호랑이의 기세와 위엄을 제압할 공부가 되라는 가르침을
주는 듯, 일찍이 선사 스님의 화반탁출^{和盤托出} 곧 쟁반째 있
는 대로 다 드러낸다는 법문을 연상케 한다.

앞서 내로라하는 선사 스님은 법문을 마칠 무렵이면 어
김없이 '화반탁출'의 도리를 묻곤 하셨다. 한 상 잘 차려 밥
상째 물려줬으니 알아차리라는 것이다. 무엇을, 어떻게, 어
느 만큼 일러 주셨는지 알 수 없겠다. 그러한 의문이 무르
익어 어느 날 '탁 트여' 덩실덩실 춤을 추는 경지가 되도록
'스스로 터득'하라는 뜻이겠다.

호압석에는, 여러 세대에 걸쳐 구전으로 전해져 오는 일화가 있다.

이른 봄날 마을의 처자는, 나물 캐러 도량 뒤로 병풍처럼 펼쳐진 영축산에 올라, 춘흥에 겨워 집중한 나머지 그만 길을 잃었다. 날은 저물어 어찌할 바를 모르고 헤매다 희미한 불빛을 쫓아 다다른 곳이 아담한 암자였다. 바라보면 산의 칠부 능선쯤 자리한 백운암이다. 그곳에는 젊은 스님이 정진하고 있었나 보다. 한밤중 방이 한 칸밖에 없어 어쩔 수 없이 처자를 아랫목에 쉬게 하고, 스님은 윗목에서 밤새 간경看經을 했단다.

이튿날 마을로 돌아온 처자는 그날부로 몸져누워, 영문도 모르고 애태우던 부모는 딸을 설득해 겨우 자초지종을 알았지만 고민에 빠졌다. 스님을 흠모한 상사병이었다. 하는 수 없이 스님을 찾아온 부모는 "한 번만 딸을 보아 주세요!" 애걸하듯 부탁했지만, 스님은 끝내 가지 않았다. 그길로 처자도 운명했다.

세월이 흘러 그 스님이 통도사 강주로 부임하게 되어, 경내 원통방에 모인 대중 앞에서 취임인사를 하는 저녁이었다. 난데없이 호랑이가 나타나 지붕 위로 획획 넘나들며 울부짖었다. 당황 속에서도 연로한 스님께서 말씀하셨다. "분명 대중 가운데 호식虎食이 되어야 할 인연이 있는가 봅니다."

스님의 제안에 따라 윗옷을 차례로 마당에 던졌는데, 던지는 즉시 안으로 되돌려 던지더란다. 마지막 강주로 취임하는 스님의 옷만을 갈기갈기 찢어, 대중의 공의에 따라 그 스님은 밖으로 나가 그 즉시 호랑이가 낚아채어 사라졌다.

날이 밝아 전 대중이 동원되어 가까스로 발견했다는데, 아무런 외상 없이 단지 목불인견지처目不忍見之處만이(?) 감쪽같이 사라졌다고 한다. 그러한 연유로 이후에 호랑이의 혈맥을 제압해야 한다고 해서 일설에는 '호혈석虎血石'이라고도 전해 온다. 다소 동화 속에 노닐고 온 느낌이다.

통도사는 역대로 많은 강사 스님들이 배출된 도량으로 유명하다. 부루나존자에 비견될 만큼 설법과 법문에 능통하여 명성을 떨치고 계신 스님, 대장경 역경을 주관해서 몸소 번역의 주역이 되신 스님, 일찍이 사서삼경을 외우고 경전에 달통하여 많은 번역서를 출간하신 원로 강백 스님도 이 도량에서 공부하셨다.

특히 종단의 중책과 불교와 관련해서 빼어난 업적을 남기신 지관스님도 이 도량에서 공부하셨다고 한다. 스님은 위에 소개한 스님들과 함께 경전을 연찬할 당시엔 좀 더딘(?)

맑은 가난

편이었다고 한다. 천재도 노력 앞엔 당해 낼 수 없다는 격언대로 스님께선 끊임없이 노력하고 연구해서, 마침내 불후의 명작이라고 할 수 있는 시대별『역대고승비문』(한국불교금석문 교감역주)과『가산불교대사림』 전집 출간의 업적을 남기셨다. 존경스럽다.

후학으로서 다시 한 번 그 고귀한 뜻을 이어 정진할 것을 다짐해 본다. 아울러 계속해서 경전을 연찬하여 불교 홍포에 이바지하는 인재가 끊임없이 배출되기를 발원한다.

기도祈禱

증곡_____曾谷

승가^{僧伽}와 세속^{世俗}을 통칭하여 승속^{僧俗}이라 하며, 단순히 승려와 속인을 이를 때도 승속이라 한다. 승속^{僧俗}에서 옆의 인^人 변을 떼면 증곡^{曾谷}이 되는데, 이에 대한 의미가 상황에 따라 몇 가지로 설명될 수 있겠다.

일찍이 통도사에는 구하 노스님 이후로 월하, 경봉 두 스님께서 통도사의 주축이 되어 지금까지 총림의 위상을 잃지 않고 있다. 그 이전인 구한말, 수행과 학식이 뛰어난 증곡^{曾谷}스님은 『한국불교전서』에 게송과 문장이 등재된 뛰어난 스님이다. 한평생 한 일이 승려에 가깝지 못했고 세속에도 감당하지 못했다고 고백하듯, 승속에서 인^人 변을 빼고

맑은 가난

중곡^{曾谷}이라고 스스로 정한 자호^{自號}라고 한다. 이는 승려답고 세속인다운 것을 의미하며, 또는 비승^{非僧}·비속^{非俗}, 곧 승^僧도 아니요 속^俗도 아니라는 뜻도 내포하고 있겠다. 그러한 연유로 산문을 통과해서 초입에 세워진 석등은 중곡스님의 징표가 되었다.

전에 기행으로 널리 알려진 노장님이 계셨다. 어느 날 기차를 탔는데, 옆에 앉은 여성이 큰 소리로 쉼 없이 종교적인 발언을 하여 주위를 불편하게 했단다. 한참을 듣던 노장님은 그 여성의 귀를 잠깐 빌리자 하고는 귓속말로 밖으로 드러내지 못할 심한 욕을 하셨단다. 여성은 즉석에서 고래고래 고함을 지르며 차마 그 말은 못하고 길길이 뛰듯 어찌할 바를 몰라 했단다. 그렇게 서너 번 반복하고 제풀에 꺾여 잠잠했다고 하니, 그것이 바로 방편이겠다.

어느 날 월하 노스님을 찾은 스님은 다짜고짜 장황한 이야기를 늘어놓았는데, 다 들은 노스님이 "잘 이해가 안 되네요. 다시 이야기해 보실까요?" 하자, 같은 말을 세 번 반복하고는 그만 풀이 죽듯 잠잠히 물러섰단다. 학인시절, 노장님은 평소 큰 방에서 간간이 말씀하셨다. "예전에 한 스님은 날이 저물면 다리를 뻗고 울었습니다." 그날의 정진에 대한 아쉬운 마음으로 그리했단다. 큰 방에서 발우공양 할 때면 늘상 공양 시간 15분 전에 어김없이 오셔서 미리 대중의 면면을 확인하듯 살펴셨다. 엊그제 일만 같은 학인시절이 마냥 그립다.

몇 년 전 편액을 부탁받았다. 사찰을 방문하는 분들과 편안하게 차담을 나눌 수 있는 공간에 걸맞은 내용으로. 생각 끝에 '중곡산방曾谷山房'이라 이름 지었다. 승속僧俗에서 인ㅅ변을 빼면 밖에서 하는 말로 '계급장을 뗀다'기보다는 승가僧伽에서 반을 내려놓듯 배려하고 세속世俗에서도 반을 접고 배려하여 서로가 반반씩 양보와 배려로 조화로운 공간이 되었으면 하는 바람이었다.

나는 일찍이 객기로 인해 주위로부터 빈축을 사곤 했다. 본인인들 어찌 편했겠는가. 이런저런 말을 할수록 그저 사족이겠다. 해서 마음속에 늘 다짐하듯 간직한 말이 있다. "어떻게 지내든 간에 밖에 나가 머리 기르고 사는 일만 없게 해 주십시오." 출가해서 하룻밤을 자고 난 다음 날, 그동안 살아온 일이 하나도 생각나지 않을 정도로 편안했기에 혼자 되뇐 말이었다. 이후 해가 더할수록 거기에 새로운 다짐을 더하게 되었다.

"부처님! 제게 저의 역량껏 부처님 은혜에 보답할 수 있
도록 가피를 내려 주옵소서."

기도祈禱

精

進

3
_____

정진

통알_____通謁

통알은 새해 첫날 새벽예불 후 전 대중이 법당에 모여 불법승 삼보와 제불보살 그리고 신중에 삼배를 올리는 의식이다. 이어 사부대중은 원로와 어른 스님을 필두로 사미승까지 차례로 앉아 대중들로부터 절을 받는다. 이를 구분해서 제불보살님께 올리는 삼배를 통알通謁, 스님들께 절하는 것을 세알歲謁이라고도 하지만 보통은 통알로 통칭한다.

그날 의식하는 데 있어, 앞에서 선창하는 스님은 사중에서 가장 나이가 적은 스님이 한다. 통도사는 강원 학인들이 많아 그중에 가장 젊은 스님이 하는데, 근래 약관이 되지 않은 스님들이 몇 있다. 요즘 추이가 출가 연령이 점차

높아지는 상황에서 상당히 고무적인 일이기도 하다.

지난해 선창한 학인은 10대 중반이었으니 올해도 선창은 그 스님 몫이겠다. 많은 대중들 앞에서 하다 보니 어딘지 서툰 부분이 있었는데도 어느 한 대중도 나무라거나 핀잔을 하지 않았다. 되레 기특한 마음으로 위로와 격려를 했다. 그 학인은 평소 생활하는 모습이 예쁘단다.

출가 동기가 남다르다. 초등학교 6학년 때 부모와 함께 조계사를 참배하고 집에 갈 무렵, 그만 대웅전 앞마당에 드러누웠단다. 아무리 달래고 설득해도 막무가내였단다. 황당하면서도 인연인가 싶어 부모님은 그길로 허락하고, 이내 출가했단다.

한때 강원 학인이 많았던 도량에서는 큰 방이 비좁아 칼잠(?)을 자야 할 정도였다. 요즘 통도사 강원의 많은 학인들을 보면서 지난날 힘들었던 일들이 회상되어 활달하게 공부하는 모습이 대견스럽다. 왠지 학인들의 그러한 생활상을 보면서 일상을 돌아보게 된다. 그래서 대중이 공부시켜 준다고 했는가 보다.

나는 그랬다. 출가 전 사찰에서 나오는 책자들을 보면서 경전 공부하는 교육기관에 들어가 5년 정도 공부하고 나

정진精進

올 생각이었다. 출가해서 하룻밤을 자고 난 다음 날, 거짓말처럼 그동안 살아온 일들이 하나도 생각나지 않았다. 순간 '나의 적성에 맞는 생활을 찾았구나!' 하는 심정이었다. 날이 밝아 은사 될 스님으로부터 질문을 받았다. "왜 출가했나?" 대답은 간단했다. "좋아서요!" 그래서일까, 출가한 지 어느덧 강산이 세 번 변하고도 5년째 접어들었다.

돌이켜 보면 '그동안 무엇을 했지?' 하는 순간 가슴이 뭉클하면서도 아쉬움이 많다. 해서 앞으로는 어떻게 지낼까 궁리하던 차에 신문사로부터 연락을 받고 원고청탁을 덜컥 수락했다. 우선 내가 할 수 있는 최선이라는 생각에서였다.

사실은 10년 전 〈선방 이야기〉를 1년간 연재하면서 이런저런 고충을 겪었기에 망설임이 앞섰다. 하지만 용기를 냈다. 이 또한 조금이라도 위안이 된다면 시은施恩에 보답하는 일이라 생각했다.

새해다! 내가 할 수 있는 최선은 무엇일까. 속담에 "물 들어올 때 노 저으라"고 한다. 누가 말했다. "노를 저으면 물이 들어온다"고. 준비된 이에게 기회가 온다는 의미겠다. 모쪼록 새해 들어 무명의 나이를 덜고 지혜의 나이를 더할 수 있는 기도와 정진으로 보람된 기회를 맞아 알찬 한 해가 되기를 발원한다.

해제_____ 解制

해제다. 마치 겨울잠에서 깬 기분이라고 해야 할까. 그 기분은 섭심攝心 곧 마음을 집중하여 혼미하거나 산란하지 않도록 갈무리하는 동시에, 접심接心 곧 정진의 끈을 놓지 않고 이어 가는 기간이겠다.

얼마 전까지만 해도 선원에서 정진하고 해제의 기분을 만끽(?)했다. 허나 이번에는 지난해 초가을부터 경전 강의 방송에 이어 지금 게재하고 있는 연재로 인해 선원 결제에 동참하지 못하고 원고에 집중하고 있어, 해제 때 만날 납자 (선객)들을 맞이할 반가움으로 대신해야겠다.

유독 기대되는 납자가 있다. 지난해 1년여 함께 선원에서 정진하며 그간의 역경을 극복한 일을 듣고, 눈물겨워 그만 즉석에서 '인간 승리'라는 별호를 붙여 준 스님이다. 미국 LA 사막에서 3년 동안 은사이신 청화 노스님을 시봉하면 서 정진했다고 한다. 이후 폐에 이상이 생겨 결핵약을 하루 에 수차례 한 움큼씩 서너 달 먹다가, 마침내 국립결핵요양 원에 입원했단다.

근무하는 직원 중에 첫 대면을 하기가 무섭게 "스님! 인 생 막장에 오셨습니다!" 그 한마디에 그만 아찔하더란다. 그렇게 석 달을 꼬박 요양하던 어느 날, '정진으로 생긴 병 인 만큼 정진으로 해결해야 하지 않겠나!' 문득 정신이 들 어, 그길로 짐을 챙겨 곧장 선원에 방부를 했단다.

좌복에 앉아 안간힘을 다해도 연신 몸이 굽혀져, 고꾸라 지기 일보 직전까지 버텼단다. 그해 한 철 석 달 동안 무릎 위로 손을 얹고 지렛대 삼아, 온 힘을 다해 지탱한 손이 미 끄러지듯 스치다 보니, 누비 동방 상의 세 벌이 닳더란다. 그 후로 일체 약을 끊고 내리 10년 넘게 무문관을 위주로 정진했단다.

그간의 증상이 궁금하던 차에 폐 전문의를 만나 정밀검 사를 받게 되었는데, 결과를 본 의사 선생님이 그만 까무

러치듯 놀라더란다. 병명은 폐경화·기관지 확장증·만성 기관지 폐쇄증·폐 섬유화로, 이 중에 하나만 만나도 거의 몇 달을 넘기지 못할 시한부 상태였는데도 10년 넘게 지내온 것이 기적 같은 일이었다고 한다. 듣는 순간 찡한 마음에 절로 눈시울이 뜨거워져, 즉석에서 '인간 승리' 스님이라고 탄성을 하고 마음속으로 늘 그렇게 부른다.

'정진으로 생긴 병이기에 정진으로 해결하겠다!'는 한마디가 심장을 울리듯 가슴에 와닿았다. 허투루 한 말이 아니었다. 수계한 이후로 줄곧 선원에서 정진한 스님은, 3년 결사·가행정진·용맹정진 도량을 찾아 일관되게 정진한 끈이 이어졌다는 생각에 더욱 감동이었다. 지금도 끊임없이 정진하는 그 스님의 호가 와운臥雲이다. 행여 구름을 비껴타고 나타난다면 어떻게 맞이해야 할지 자못 기대가 된다.

선원에서는 해제에 임박해서 자진하여 조기해제(?)하고 떠나는 납자들이 간간이 있다. 1994년 동안거에 함께 지낸 납자다. 해제일에 임박한 날 아침 소복이 쌓인 눈에, 선원 뒷길로 오롯이 발자국이 선명했다. 아무 말 없이 해제비를 챙기지도 않고 걸망 진 스님의 흔적이었다.

20년이 훌쩍 넘어 우연히 마주쳤다. 이렇다 인사할 겨를
도 없이 다짜고짜 그날의 일을 물었다. 이른 새벽 마당에
소복이 쌓인 눈을 본 순간, 서산스님의 게송이 불현듯 떠
올라 지체 없이 걸망 지고 나왔단다.

답설야중거 踏雪野中去
불수호란행 不須胡亂行
금일아행적 今日我行跡
수작후인정 遂作後人程

눈 내린 벌판을 어지러이 걷지 말지니,
오늘 내가 남긴 이 발자국은 뒷사람의 이정표가 되리라.

또 한 번 마주할 수 있을는지 기대해 본다.

용상방 _____ 龍象榜

결제(안거)와 불사가 있을 때 소임자 명단, 곧 대중 명단을 써서 큰 방에 붙여 놓는 글이 용상방^{龍象榜}이다. 용상^{龍象} 곧 용과 코끼리는 수상^{水上}과 육상^{陸上}에서 으뜸이기에, 수승한 선정력^{禪定力}을 갖춘 고승 대덕 스님을 의미하기도 하며, 위엄 있고 용맹한 능력을 갖춘 보살을 비유해서 용상이라고 한다.

『유마경』에 '용상이 지나간 자취를 나귀가 감당할 수 없다'고 했는데 이는 근기를 알라는 의미이기에, 평소 잘 쓰는 글에 대비해 본다. 수처작주^{隨處作主} 곧 어디에서든 주인공이 되어 깨달으라는 내용이기에, 누구나 갖추고 있는 능력과 역량이 달라 각기 능력껏 역량껏 최선을 다하는 사람

맑은 가난

이 바로 주인공이며 용상이라 여겨진다.

 지난해 본사에서 방이 정해져 안거 때마다 큰 방에서 용
상방 명단이 발표될 때면 가슴이 뭉클할 정도로 감회가 새
롭다. 2010년 말. 선운사 강주 소임을 놓은 이후의 10여 년
은 마치 온탕과 냉탕을 반복한 듯한 만행이 아니었나 싶어
서다.

 애초 강원에서 5년여 경전 공부를 하고 걸망 하나에 의
지하여 정진 처소를 전전하듯 섭렵하고 출가해서 20년이
되던 해에 백양사 강주 소임에 이어 선운사 강주 소임을 놓
을 때까지 정진의 연속이었다고 한다면, 이후에는 경력이
쌓인 관계로 스스로 생각하기에도 순수한 열정으로 정진
에 임했다기보다는 상황에 맞춰 지내 온 느낌이다.

 2012년 하안거. 송광사 선원에서 정진 중에 포살 법사가
되어 대웅전 법상에 올라 비구계본을 낭송했다. 그에 앞서
그간 강주 소임과 방송에서 경전 강의한 이력을 알게 된
어른 스님의 권고를 받았다. 무엇보다도 지난날 객기로 인
한 이런저런 일들이 있었던 만큼 사양하는 의사를 표하자
어른 스님께서 말했다. "계목戒目 중에 곡차 대목은 들리지

않게 살짝 독송하세요!"

실소失笑가 절로 나왔다. 생각했다. '이왕 법상에 올랐으니 제대로 독송하리라.' 예정대로라면 후반 대목은 계목만 낭송하여 40여 분 만에 마쳐야 함에도 무려 1시간 30분이 경과되어서야 법상에서 내려왔다. 중간에 방장 스님께서 세 차례에 걸쳐 법당에 들르셨는데도 아랑곳하지 않았다. 어느 납자의 "그러한 상황에서 어쩌면 그렇게 태연하고 침착하게 독송할 수 있나요!" 하는 말에 또 한 번 실소했다.

4년 전. 백장암 선원에서 납자들을 외호하던 중간에 걸망을 지고 도량을 벗어나는 순간 참으로 암담한 심정으로 갈피를 잡지 못했다. 문득 이참에 기도를 해야겠다는 마음을 정하고 남해 보리암을 찾았다. 소임자 스님들의 배려로 한 달가량 무사히 지나고 섣달그믐날, 상주하는 대중과 큰방에서 윷을 놀았다.

자리를 파하고 주위의 시선과 관심이 쏠리는 느낌에 왠지 주객이 전도된 듯한 묘한 감정이 들어 간밤을 뒤척였다. 다음 날 대중들과 부딪치지 않는 시간을 틈타 첫 새벽에 걸망을 챙겨 말없이 떠나왔다. 그것이 걸망의 관행이다. 새벽 공기에 새로운 발심의 의미가 있기에.

2008년 11월 말. 백양사 강주 소임을 놓고 5톤 트럭 한 대 분량의 책을 어떻게 갈무리해야 할지 고민한 끝에 시내 조그만 방을 정해서 옮겼다. 이후에는 대중처소를 벗어날 때면 그 방에서 손수 10여 년 사이에 간간이 몇 달씩 꽤 여러 차례 숙식했다. 대중처소를 벗어나고 싶어서가 아니었다.

지내 온 이력이 있기에 정해진 소임이 없이는 섣불리 어느 도량에 잠시라도 거처하기가 난처해서, 흔히 밖에서 하는 말로 전관예우 없이 '눈물 젖은 빵'을 먹는 기분이었다. 해서 지금의 대중처소에서 용상방에 오르게 되어 너무나 소중하고 감사한 마음이다.

정진精進

수필_____ 手筆

형식에 구애받지 않고 쓰는 글이 수필隨筆이라면, 같은 음인데도 펜이나 만년필로 손수 쓰는 글은 수필手筆이겠다. 이따금 내방하는 분들이, 방 한편에 손수 눌러 쓴 수북이 쌓인 원고에 반응이 엇갈린다. 구태한 모습에 정겨워하면서도, 한편으론 첨단 장비가 있음에도 제대로 활용하지 못하는가 싶어 안쓰러운 표정이다.

어찌 편리함을 모르겠는가. 그럼에도 지금 연재하고 있는 글의 특성상 이리저리 구상하고 구성하는 과정에서 부득이 노트용지와 원고지를 사용한다. 노트용지엔 주제에 관련된 줄거리와 요약한 내용을 적다 보니 조금은 장황하고, 때때로 한참을 쥐어짜듯 골똘히 생각하면서 간간이 적

맑은 가난

어야 하기에 펜을 사용하는 것이 용이하다.

그렇게 조금씩 정리되는 내용은 반드시 원고지에 만년필로 눌러 쓴다. 그 순간 어쩌다 새로운 착상이 떠올라 수정할 때의 짜릿함과 희열감으로 더욱 고집스레 손수 쓰게 되는가 보다.

언감생심 당나라 때 가도의 퇴고推敲를 떠올린다. 승고월하문僧敲月下門의 문장에서, 한 승려가 달빛 아래 문을 민다고推해야 할까, 그렇잖으면 두드린다敲고 해야 할는지 고민했다. 그러던 차에 본인도 모르게 타고 가던 말이 당대의 문장가인 한유의 행렬에 합류해서, 그로부터 두드린다敲는 글로 정하게 되어 퇴고推敲라는 고사가 있게 되었다는데, 그에 못지않은 고심을 하면서 글을 쓴다.

매주 원고를 마감하기까지 이틀 정도는 초저녁에 잠깐 눈을 붙이고 자정쯤 기상하는 것이 이젠 일상이 되었다. 이 글의 취지가 '승가의 수행상과 분위기'를 통해 신심을 북돋는 데 보탬이 되었으면 하는 주문이었기에 거듭 신중을 기한다.

해서 나름대로 송고 전에 열 번 이상을 되짚어 보며 자연스레 퇴고를 거듭한다. 행여 미처 살피지 못한 흠이 있다면, 그저 승가의 전통과 관습 그리고 수행의 모습을 보이고자 하는 심정이니만큼 넓은 혜량을 구하는 바이다.

매번 200자 원고지 9매 분량을 채우기 위해서는, 노트용지 대여섯 면을 메운다. 노트용지 한 면은 대략 원고지 3장 분량 되니까 게재하는 원고량의 거의 두 배를 습작하는 셈이다. 이렇게 쌓이는 원고를 볼 때마다 새삼 무언가를 하고 있다는 보람을 느낀다.

처음으로 분량 있는 원고를 쓰게 된 것은, 1996년 가을 종단에서 3년 과정으로 경·율·논 삼장을 연찬하여 '전문강사'를 양성하기 위해 특별히 은해사에 교육기관을 설립했는데, 그 기간 동안 당나라 승상스님이 찬집한 『법화전기』를 번역한 원고다. 『법화경』의 유래와 서문 그리고 영험담을 찬집한 내용으로서, 원고지 1000매가량의 분량이었다.

그렇게 『법화경』과 인연이 되어, 이후 네 차례에 걸쳐 불자들을 대상으로 『법화경』을 강의하면서 그때마다 천태스님의 『법화문구』 해설집을 참고했다. 마침 2년 전 불교방송(라디오)에서 5개월에 걸쳐 『법화경』을 강의하면서 『법화문구』 전체를 요약 정리했다. 이때 노트용지에 쓴 원고가 원고지 3000매 분량쯤 된다. 펜이 열두 자루 닳았는데, 방송

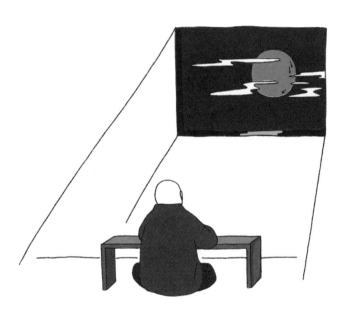

후 심한 어깨통증이 있었지만 이내 완치됐다. 법열^{法悅}의 덕분이지 싶다.

지금까지 쓴 원고를 늘 곁에 두고 있다. 심취한 듯 몰입했던 때를 회상하며 정진의 끈을 이어 가기 위한 방편이겠다. 모쪼록 지금 쓰고 있는 글이 형식에 구애받지 않고 손으로 눌러 쓰는 글이기에 수필^{隨筆}과 수필^{手筆}은 갖추었으니, 여기에 빼어난 글 곧 수필^{秀筆}로 보탬이 될 수 있도록 가일층 정진해야겠다.

소임_____ 所任

맡은 바 직책이나 임무를 소임^{所任}이라 한다. 승가에서는
소임을 '맡는다'는 표현보다는 '본다'고 한다. 소임 또한 정진
의 일환으로 삼아 임하라는 의미겠다. 흔히 승가의 소임은
'닭 벼슬만도 못하다'는 말을 하는데, 이는 벼슬이 아니요,
세속적인 벼슬로 연연함을 경계한 데서 나온 교훈이리라.

그동안 강원에서 강사 소임으로 4년, 강주 소임은 6년을
보았다. 그때마다 함께 공부한 도반 스님과 주변 스님의 추
천이 있었다. 한번은 강주 소임을 보게 된 과정에서 있었던
일이다. 처음 강주 소임을 보게 된 사찰에서는 소임자가 직
접 찾아와서 권유를 받고 부임했다.

정진精進

다른 사찰에 취임할 때는 어느 중진 스님께서 본인이 추천했다는 전화 연락을 받았는데, 사중에 얘기를 했으니 가서 인사하라는 요지였다. 곧바로 사양했다. 한 시간쯤 지나 해당 사찰의 주지 스님으로부터 연락을 받고 만날 장소를 정했다. 그렇게 해서 강주 소임에 부임했다. 때론 소임을 보는 과정에 있어 형식과 절차가 필요하겠다.

지금은 사중의 포교국 소임을 보고 있다. 불교대학의 800명이 조금 넘는 열두 개 반과 『봉도』 회보 편집을 관장하는 소임이다. 불교대학의 세 반에서는 곧 제반 경經을 편집한 교재와 『금강경』, 선어록을 강의한다. 그리고 처음 입문하여 공부하는 네 반에서는 '팔정도'와 '업'을 주제로 특강을 반마다 두 차례에 걸쳐 두 시간씩 강의했다.

소임을 본 지 달포 동안 늘 새벽 2시 이전에 기상해서 강의를 준비하고 있는데, 다행히 지금까지 별 무리 없이 진행할 수 있는 것은 지난날 참선할 때의 정진이 바탕이 되었지 싶다.

1991년 동안거에는 해인사 선원에서 다각 소임으로 첫철을 성만했다. 당시 밤 10시에 취침해서 새벽 2시에 기상

했다. 밤 10시에 방선放禪하면 말똥한 상태로 잠들기가 무섭게 새벽 2시에 기상하다 보니 반 철까지는 비몽사몽간에 어떻게 잠을 잤는지 모를 지경이었다. 그렇게 한 철(석 달)을 지내면서 네 시간 잠자고 거뜬히 지낼 수 있다는 것을 체험했다.

이후 1993년 동안거는 지리산 반야봉에 위치한 묘향대에서 용맹정진을 하면서 한 철을 지냈다. 그에 앞서 그해 늦가을 납자 일곱 명이 보름 동안 용맹정진을 끝내고, "이참에 제대로 정진을 해 봅시다" 결의한 네 명이 이어서 동안거 결제를 했다.

처음 보름 동안은 결의한 대로 용맹정진을 했는데, 날이 더할수록 두통이 너무나 심해 양해를 구했다. 밤 11시부터 새벽 1시까지 두 시간, 앉았던 좌복에서 새우잠을 취하듯 취침을 했다. 그때의 용맹정진을 계기로 두 시간 숙면을 취하고도 일상 무리가 없다는 것을 확신할 수 있었다.

지난해 가을에는 BBS불교방송 라디오에서 『원각경』 강의를 하면서 넉 달여 하루에 3~4시간 취침을 하며 준비했다. 이어 방송을 마칠 무렵 불교신문사로부터 매주 원고지 9매 분량으로 그간의 경험과 불자들의 신심에 도움 될 내용으로 1년간 연재 제의를 받고, 일주일 중에 3~4일은 독경과 독서에 매진하고 3~4일은 원고에 집중하면서 하루에 3~4시간 취침을 취해 왔다.

그러한 연장선에서 요즘은 어김없이 새벽 2시 이전에 기상해서 강의 준비를 하고서야 그날의 일정에 차질 없는 일상이 되었다. 요사이 강의를 듣는 분들의 반응이다. "행복해하는 모습에 절로 환희심이 납니다." 그래서일까, 강의에 앞서 매번 설렌다. 지금 무엇인가 하고 있다는 자부심과 만족감이 위안이 되는 것 같아 보람을 느낀다.

맑은 가난

기한 飢寒

춤고 배고픔을 기한^{飢寒}이라 하는데, 이러한 때일수록 정진에 대한 마음을 더욱 절실하게 일으켜야 한다고 해서 기한발도심^{飢寒發道心}이라고 한다. 수행자는 늘 검소한 생활을 해야 한다는 의미겠다. 기한의 극치인 가난에 비유해서 향엄^{香嚴}선사는 게송으로 표현했다.

거년빈미시빈 去年貧未是貧

금년빈시시빈 今年貧始是貧

거년빈무탁추지지 去年貧無卓錐之地

금년빈추야무 今年貧錐也無

지난해 가난은 가난이 아니요,
금년의 가난이야말로 진정한 가난이라.
지난해엔 바늘 꽂을 땅도 없었는데
금년엔 바늘마저 없노라.

이는 가난하다는 인식마저도 철저하게 떨쳐 내듯 오롯한 성품이 되었을 때 비로소 깨닫는 경지라는 뜻이겠다. 지금의 심정으로는, 요즘 힘들고 어렵다는 상황인식을 떨쳐 내고 처음 시작한다는 각오로 최선의 방법으로 헤치고 나가자는 의미로 해석하고 싶다.

어느 때 그렇게 춥고 배고파하며 굶주린 듯 간절한 마음으로 정진에 임했는지 돌아본다. 1994년 봄이었다. 바로 앞 철 동안거는 지리산 반야봉에 근접한 암자에서 네 명이 하루 일종식과 함께 묵언정진한 연후, 전에 뜻을 모은 납자들과 창녕에 자리한 청련사에서 네 명이 묵언과 오후불식의 규칙을 정하고 결사를 하게 되었다.

3개월쯤 지나 한 납자는 꼭 인사는 하고 가야겠다고 하기에, 묵언이었음에도 잠시 대화를 나누며 설득해 보았지만 그대로 떠났다. 2개월쯤 지나 또 한 명의 납자는, 아직은 대중처소에서 정진해야겠다면서 걸망을 졌다. 세 번째 남자는, 서로 의지해서 지내면 되겠다 싶었는데, 그 또한 다음을 기약하자면서 바람처럼 훌쩍 떠났다. 결사한 지 6개월이 되었을 때는, 그해 하안거 해제일에 이르러 혼자 남게 되었다. 애초 3년을 기약했지만 부득이 그렇게 회향을 해야만 했다. 비록 짧은 기간이었으면서도 참 많은 것을 체험했지 싶다.

 일찍이 10여 년 묵언정진한 스님은 제대로 발음이 되지 않아 처음부터 말을 배우듯 발음을 익힌 후에 가까스로 의사소통을 할 수 있었다고 한다. 그래서 10년 넘게 묵언정진했던 다른 스님은 그대로 묵언을 이어 갔단다. 그럼에도 정작 6개월 묵언하고 제대로 음성이 나올까 잠시 주춤했었는데, 다행히 예전의 음성 그대로였다.

 그때 무엇보다도 힘들었던 일은, 세 명의 남자들이 떠날 때 한결같이 미안하다는 어조였는데, 그것이 나에겐 마음고생이었다. 한동안 가슴이 쓰리고 아팠기에, 회향하는 날 병원부터 찾았다. 검진 결과 다행스럽게도 아무런 이상이 없다는 의사분의 한 말씀에 언제 그랬을까 싶게 말끔해지는 순간 마음공부가 그 자리에서 이루어진 느낌이었다.

정진精進

마음고생은, 함께 정진하는 대중들 간의 일상에 있어 거스르는 일과 갈등을 잘 소화하고 조화롭게 수용하는 과정에서 일어나는 심리상태라 할 수 있겠다. 그래서 예전부터 '대중이 공부시켜 준다' 한 것은, 그만큼 대중생활이 어려우면서도 그 속에서 공부가 된다는 의미다.

강원 생활에서는 '장판 때'라는 표현을 한다. 넓은 대중방에서 4년여 동문수학을 하며 일거수일투족一擧手一投足 곧 행주좌와行住坐臥 어묵동정語默動靜을 있는 그대로 보고 부대끼며 지내기에, 그 과정에서 배려와 양보 그리고 인욕행이 자연스레 장판 때를 묻히듯 몸에 배게 됨을 이른다. 이에 수행과 함께 인간적인 정이 끈끈하게 쌓여, 강원을 함께 졸업한 도반은 평생 도반이 된다.

목하 전반적으로 참으로 힘들고 어려운 때다. 이러한 때일수록 가슴은 꽉꽉하지 않고 훈훈한 마음으로 늘 따뜻한 말을 품고 지내야겠다.

근기_____ 根機

어떤 일을 해낼 수 있는 능력과 그 일을 감당해 내는 힘을 근기根機라 한다. 대개는 수행을 통한 정진력과 불법佛法을 수용하는 이의 역량을 통틀어 이르기도 한다. 그 역량과 능력은 일률적일 수 없기에 부득이 하근기, 중근기, 대근기로 구분한다. 이는 차등을 둔 것이 아니다.

일례로 하늘에서 내리는 비를 받아들이는 거목과 잡목 그리고 풀의 용량이 각기 다른 이치다. 그렇듯이 경전은 수많은 근기에 맞춰 설해졌기에 수기설법隨機說法이라고 한다.

강의와 설법 그리고 평소 신행信行의 모습으로 많은 이에게 공감을 일으킨 감동과 감화는 바로 수기隨機의 도리겠다.

정진精進

요즘 노래 경연 출연자들이 수많은 시청자를 감동케 하는 모습을 보고 음성과 음향의 파급효과를 실감한다. 물론 그렇게 되기까지는 힘겨운 노력과 단련으로 응축된 바탕에 '인생'이 묻어나 더 큰 울림으로 와닿지 싶다. 요즘 코로나19의 확산으로 여러모로 힘들고 어려운 상황에 모두의 가슴을 뻥 뚫리게 할 방편을 펼칠 수 있는 정진력의 한계에 부끄러운 심정이다.

음성과 관련한 수행법으로 관세음보살의 이근원통耳根圓通 곧 음성을 통한 수행법의 수승함을 경전에서 밝히고 있다. 일상 예불합송과 기도 그리고 간경(경전 독송) 또한 이에 포함되겠다. 일찍이 대강백 어른 스님은 통도사의 장엄한 예불 음성에 매료되어 곧장 출가를 결심하셨단다.

그동안 불교방송(라디오)을 통해 세 차례 경전 강의를 했는데, 2006년 백양사 강주시절 『원각경』 강의가 첫 경험이었다. 모험하는 심정이었다. 낯설고 생소함 못지않게 서투른 방송으로 행여 누가 되지 않을까 하는 마음이 앞섰다. 그런 만큼 온 힘을 다해 정성껏 임했다.

하루 20분 방송이었는데, 규봉스님의 『원각경대소』를 일주일마다 100매 정도 번역해 교재와 함께 정리해서 방송했

맑은 가난

다. 당시 강원에서 『치문』과 『화엄경』 과목으로 두 반을 강의했기에, 일주일에 한 번 서울로 오르면서 일주일 방송 분량을 온종일 녹음하고 밤늦게 돌아와야만 했다.

참으로 빠듯한 일정이었다. 두 시간여 열차를 타고 오르는 동안에도 접힌 상을 펴서 한가득 자료를 펼치고 검토하다 보면, 주변의 객석과 역무원의 시선을 끈 호사(?)와 함께 방송국에서는 한 달여 지나면서 예상치 못한 호응에 특별히 기획한 호혜互惠가 있었다.

4개월여 방송을 마칠 때까지 짧은 기간이었음에도 많은 것을 경험했다. 시작부터 무모한 심정이었는데, 방송 경험이 전무한 상황에서 보름쯤 지나 담당자의 이런저런 주문을 받고 나름 '익숙하지 못한 기법으로 서툴게 하기보다는 새벽 방송인 만큼 또박또박 정성스러운 음성으로 성의껏 하리라!' 생각했다.

다행히 호응이 좋았다. 또한 번역해서 정리한 내용이 신선한 느낌이었단다. 게다가 충청도 고유의 어감에 느린 듯한 어투는 새벽의 정서에 어울렸다고 한다. 그러나 내용은 어려웠단다.

방송을 마치고 회향법회의 법석은, 법당에 가득 자리하

고 통로까지 입석해야만 했다. 그런 광경에 고무된 듯 바로 이어서 방송하기를 권유받았지만, 훗날 정진력을 증진해서 그때를 기약했다. 그 기약으로 2년 전 『법화경』을 5개월쯤 강의했고, 지난해 가을에는 2006년도 『원각경』 강의를 하면서 다소 아쉬움이 남아 당시 번역한 규봉스님의 『원각경대소』 1500매가량의 원고를 요약해 2개월여 재차 강의했다.

　세 번 모두 경전과 기본 자료에 근거하여 다소 자료적인 측면이 있었지만 쉽고 편하게 전달하지 못한 아쉬움이 많다. 목하目下 경안經眼과 정견正見이 트인 선지식 곧 대근기大根機의 출현으로 이 난국의 타개와 함께 불법 홍포를 기대한다.

맑은 가난

간경_____ 看經

소리 내지 않고 경전을 묵독默讀하는 것이 간경看經이다. 본래는 선원에서 경전을 눈으로 본다는 의미인데, 지금은 전반적으로 소리 내어 독송하는 것을 간경이라 이른다.

특히 경을 읽거나 암송하기보다는 '본다'고 표현하는 것은, 경전을 통해 마음을 비추어 알아차린다는 의미로서, 승가에서 소임을 맡거나 여타의 상황에도 '본다'고 하는 것은, 일상에 있어 늘 마음을 살피고 알아차려 마음공부를 하라는 뜻이겠다.

강원의 공부는 전통적으로 간경을 중요시해 왔다. 역대로 간경을 통해 문리文理 또는 물리物理 곧 한문 경전에 능통해진다는 믿음이 불문율不文律처럼 전해 온다. 강원에 처음 입방해서 2년가량은 상·하반이 큰 대중방에서 함께 지내는 동안 반별로 강의 시간 외에는 정해진 일정에 따라 다 함께 책상을 펴고 빙 둘러 앉아 간경을 한다. 그때는 각기 선택한 내용을 간경하기에 음성이 제각각이다.

잠시 통도사 강원시절을 회상해 본다. 입방하는 첫날부터 30여 명 상·하반 학인이 큰 대중방에서 함께 지냈다. 무엇보다도 인상적이었던 것은, 30여 명의 학인이 각자의 음성으로 간경하는 상황에 빨리 적응하는 것이었다. 바로 요중鬧中공부 곧 시끄러운 상황에도 집중력을 잃지 않고 하는 공부였다.

하루 일정에 따라 한 시간 내지 두 시간씩 몇 차례에 걸쳐, 그때마다 간경을 했다. 출가 전 일찍이 집안 내력의 인연으로 유소년기에 『천자문』을 익혀, 일상 유통하는 한자에 별반 막힘이 없었기에, 『치문』 과목을 시작하면서 당일 배우는 진도에 상관없이 줄곧 한참 뒤편까지 내리 간경했다.

줄기차게 간경하는 모습에, 앞서 배운 상반 스님은 물론 밖에서 간경 소리를 들은 강사진과 사중 스님들까지도 모

맑은 가난

처럼 공부하는 학인이 들어왔다고 관심을 끌었다고 한다. 어느 불자는 간경 소리가 인상 깊어 주위에 물어 먼발치에서 지켜봤다는데, 왜소한 체구에 어떻게 그런 음성이 나오느냐며 감격한 표정이었다고 한다. 2년 가까이 거의 목이 잠길 정도의 간경으로 사중에 많은 주목을 받았다. 멋쩍다!

그러한 성원으로 강원을 졸업하고, 곧장 강원 학인 스님들의 호응과 어른 스님의 배려로 별도로 2년간 『화엄경』을 공부하게 되었다. 이후엔 그동안 여러 차례 도량을 옮기고 또한 제방 선원을 오갔으면서도 경전의 끈을 놓지 않게 된 바탕이 되었다.

예전에 한문 수학하던 제자가 어떻게 하면 글에 숙달할지 고심 끝에 스승께 여쭈었단다. "맹자를 삼천 번 독송하면 탁 트일 걸세!" 말씀대로 삼천 번을 읽었지만 그다지 문리文理가 난 것 같지 않아 편지를 써서 스승을 뵈었다.

맹자삼천독 孟子三千讀

불문탁탁지성 不聞拆拆之聲

선생지언오야 先生之言誤也

제자지성불급야 弟子之誠不及也

맹자를 삼천 번 독송했어도
탁 터지는 소리를 듣지 못했습니다.
선생님 말씀이 잘못된 것입니까
아니면 제자의 정성이 미치지 못한 일이겠습니까.

편지를 지켜본 스승은 이렇게 격려했다. "그만하면 됐네.
예전엔 편지 한 장 제대로 쓰지 못하지 않았던가?"

그렇다. 거미줄이 천 겹이면 호랑이도 묶을 수 있다는 격
언처럼, 옛날 방식이 구태의연하고 비합리적인 듯싶어도
어느 순간 본인도 모르게 스르르 괄목할 공부가 되는 것
이다.

출가하면 가장 먼저 접하는 글이 『초발심자경문』이다. 수
행의 지침서이면서도 문장의 구성이나 형식에 있어 짜임새
가 탄탄하기에, 어느 스님은 그 글을 수천 번 간경하고 한
문 경전에 능통했다고 한다. 이 기회에 본인에 와닿는 경전
을 선택해서 간경하면 어떨까 싶다.

안거 _____ 安居

고요한 마음으로 구순九旬 곧 90일 동안 외출을 금지하고 한 곳에 모여 수행하는 것이 안거安居다. 본래 비가 잦은 우기雨期를 기준으로 정한 하안거夏安居였지만, 풍토와 사람들의 정서에 따라 추운 계절인 동안거冬安居로 구분되며, 그 안거를 통해 승랍이 한 해씩 증가한다.

이번 하안거는 몇몇 선원에서는 신종 코로나바이러스 감염증(코로나19)으로 휴원하는 곳이 있어 다소 아쉽지만 윤달로 인해 대체로 제 날짜에 하안거 결제를 하게 되어 얼마나 다행인지 모르겠다. 때가 때인 만큼 심념안거心念安居 곧 조용히 혼자서 안거하는 마음가짐이 더욱 절실하리라 본다.

정진精進

지난해 하안거는 새로이 건립한 사중寺中의 '보광선원'에서 성만했다. 그 자리는 본래 학인시절 모내기하던 논이었다. 해서 주춧돌을 놓기까지 엄청난 양의 진흙을 파서 옮겼다고 한다. 아마도 상전벽해桑田碧海란 표현이 딱 들어맞을 듯. 더구나 어마한 양의 진흙은 마치 번뇌를 덜어 낸 것 같아 도량이 평온하고 안정된 느낌이었다.

도량의 안정을 위해 도량석을 한다 해서 자청하여 그 소임을 봤다. 10분 내외의 시간에 맞춰 '신묘장구대다라니'를 하는 동안 새벽 공기를 가르며 도량을 울리는 공명共鳴이 어찌나 좋던지 신심이 절로 더했다.

선원은 대부분 따로 도량석을 하지 않고, 별도로 떨어져 있는 경우 상황에 따라 하는 도량이 이따금 있을 정도. 1993년 초가을 운문암에서 산철결제를 할 때는 특이하게도 그 도량에서는 〈나옹 스님의 토굴가〉로 도량석을 했다. 중간에 무명장야업파랑無明長夜業波浪 곧 '무명으로 인한 업에 끌려 번뇌 속에서 지낸 긴긴 밤과 같은 날들. 한 소식에 확 트여지다' 하는 대목이 아직도 기억이 생생하다.

당시 서옹 노장님을 모시고 지냈는데, 스님께서는 일찍이 일본 유학시절 뛰어난 논문을 인정받아 학문적인 소양으

맑은 가난

로『벽암록』을 직접 강론하셨다. 평소 온화한 성품으로 말씀도 조용조용 하셨고, 내적으로는 맹장 수술을 마쳐도 하지 않은 채 태연히 의연한 모습으로 임할 만큼 강인한 정진력을 갖추셨다. 통도사가 본사라는 말씀을 들으시고, "월하 노장은 충청도 분 치고는 강직하시지!"라는 말씀과 함께 인자한 모습이 아직도 연상된다.

하안거에는 종종 뱀에 관한 일화가 생긴다. 칠불사 선원에서는 한 납자가 독이 강한 뱀들을 마대 자루에 거지반 불러 모아 다른 곳으로 옮겨 주었다고 한다. 함께 정진했던 그 납자는 유독 광목으로 지은 승복을 고집하고 풀을 했는데도 다림질을 하지 않고 꾹꾹 밟아 입었다. 좌복에서 조금만 움직인다 해도 '버스럭' 소리에 주위를 불편하게 할 수가 있었음에도 한 치의 미동도 없이 정진했다. 짐작건대 그날 그렇게 독을 품은 뱀들을 불러 모을 수 있었던 것은 그러한 정진력으로 가능했으리라.

상원사 서대의 선원은 뱀이 많기로 유명하다. 고지대인 만큼 독이 강한 뱀들이다. 부엌, 방안 구석구석, 마당을 가리지 않고 수시로 출몰했지만 아직까지 뱀의 피해를 입은 납자는 한 명도 없다고 한다. 한번은 너무도 뱀이 많아 전

정진精進

문 직업인을 불렀다는데, 어디론가 감쪽같이 자취를 감춰 한 마리도 잡지 못했단다.

어느 납자는 토굴에서 정진할 때면 어김없이 뱀이 방안으로 들어와 똬리를 틀고 정진이 끝날 때까지 함께 했단다. 어쩌면 지나칠 일인 듯해도 정진력으로 인한 설명할 수 없는 그 무엇이 분명하다는 것을 확신케 하는 일이겠다.

모쪼록 이번 안거에는 모두를 아울러서 위안과 평온을 되찾게 할 큰 공부인이 출현하기를 발원한다.

개산_____開山

일정한 산에 사찰을 창건하여 학파를 창립하는 것이 개산開山이다. 통도사의 개산조開山祖는 자장율사다. "계를 지키며 하루를 정진할지언정 계를 파하고 백 년을 살지 않겠노라寧我一日持戒而死 不欲百年破戒而生"는 확고한 계율의 숭고한 뜻을 받들어 계승·발전시키기 위한 '개산대재開山大齋'가 매년 거행되고 있다.

이날 영고재迎告齋를 통해 개산조의 유지와 가르침을 부끄럽지 않게 이어 가겠다는 후학들의 다짐을 아뢰는 의식을 함께 한다. 의식에 즈음하여 도량 내에 가득 수놓은 국화는 참배객들로 하여금 위로와 기쁨을 더해 주며, 이에 관계 기관과 연계행사로 국화축제가 이어져 가을을 더욱 풍성하게 하고 있다.

어떠한 학설을 처음 제창하거나, 어떤 분야의 길을 처음 시작하는 사람을 비조鼻祖라 한다. 지극히 개인적인 일이지만 처음 경험한 일이었기에, 언감생심 비조라는 표현을 빌려 본다.

1995년 봄, 통도사 율원이 개원됐다. 당시 방장이신 월하 노스님께서는, 학인시절 객기가 있었음에도 1992년 송광사 율원에서 잠시 이력한 사실을 아시고 "공부해야 한다!" 하시며 사중과 인접한 수도암에 율원을 개원토록 하셨다. 율원생은 나를 포함해 단 두 명이었다. 함께 수학한 스님은 일찍이 송광사에서 자타가 인정하는 계행이 철저한 율사였다. 지금은 송광사 총림에서 율원장 소임을 보고 있다.

『사미율의』에서부터 『사분율』까지 매일 논강하며 지낸 시간이 참으로 유익했다. 더불어 불교개론 서적을 탐독한 일은 불교를 이해하고 개념을 정리한 호기好機였다. 무엇보다도 출가해서 10년 되면 이런저런 장애로 고비가 온다는 경험담을 들었던 터이기에, 지나고 보니 그렇게 10년 고비를 율원에서의 공부로 넘겼지 싶다.

맑은 가난

율원에 앞서 강원을 졸업하고 2년여 『화엄경』을 별도로 공부했다. 그때까지 그러한 선례가 없었다는데 월하 노스님의 격려하에 강원 학인, 강주 스님, 사중의 전폭적인 협력으로 그때도 나를 포함해 단 두 명이 원만히 회향할 수 있었다. 당시 강원을 졸업하고 경전을 더 공부할 수 있는 학림이 없었기에 잔잔한 반향을 불러 일으켜 이후 제방에서 학림이 하나 둘 설립되었다.

율원을 졸업하던 해 1996년 가을, 종단에서 한문 경전 전문 강사 양성을 위해 은해사에 삼장 경학원을 최초로 개원했다. 율원을 졸업하고 이어진 공부였기에 환희심이 났다. 하지만 주위에서는 우려 섞인 말들이 있었다고 한다. "가장 먼저 걸망을 지겠구나!"였단다.

그도 그럴 것이 통도사 강원에서 5년간 수학한 이후 경학원에 입방하기까지 5년여 기간 동안 법주사 강원 중강(강사), 율원(송광사 통도사), 선원을 전전하듯 대략 15도량쯤 옮겨서 정진했다. 진득하지 못하다는 인상을 주기에 충분했다. 정말 그때는 무엇에 홀려 목마른 사람처럼 심취한 기간이었지 싶다.

특히 1993년 법주사 강원에서 6개월여 『치문』『서장』을 강의하던 어느 날, '지금 강의하기보다는 먼저 정진할 때다' 생각이 드는 순간, 다음 날 강의 준비하던 책을 덮고 즉석에서 걸망을 졌다. 그때부터 꼬박 2년간 선원에서 용맹정진, 가행정진, 묵언정진을 두루 경험했다. 2001년 법주사 강원 강사 소임으로 부임하던 첫날 주지 스님의 일성이 "전에 6개월 강의하다 걸망 졌다면서요"였다.

그래서일까, 꼬박 3년 동안 사교(『능엄경』『금강경』『기신론』『원각경』) 경문을 빠짐없이 세 차례에 걸쳐 강의했다. 그리고 또다시 소임을 놓고 봉암사 선원에서 뜻하지 않게 선감 소임으로 기본선원 납자들과 더불어 산문출입을 금하며 1년간 정진했다. 이어 2005년 백양사 강원 강주 소임으로 부임했다. 엊그제 일만 같다.

수심_____ 愁心

근심 걱정으로 답답한 심정이 수심이겠다. 수심愁心의 수愁 자는 가을秋을 연상시키기에 지금의 상황을 말하는 것 같아, 가뜩이나 힘든 시기에 수심을 거론해서 생채기를 내지 않을까 조심스럽다.

요즘 불교대학에서 가을의 정취를 감상하며 걷기 명상을 하고 있다. 걷기에 앞서 노래도 한 곡 한다. "가을 하늘 드높은 곳에 내 사연을 전해 볼거나…" 산문까지 2킬로미터 남짓 거리를 왕복하면 두 시간 강의 일정과도 맞먹는 시간대라서 안성맞춤이다. 중간에 송수정送愁亭 곧 '근심을 내려놓는 곳'이라는 쉼터에서 차와 함께 대화의 시간을 갖는 것이 압권이라는 입소문으로 여타의 반들도 동참하고 있다.

정진精進

게다가 가을을 수놓은 듯이 국화축제로 장식한 국화꽃의 장엄은 마음을 더욱 여유롭고 아름답게 한다.

출가한 계절이 가을이다. 낙산사에 은사 스님을 소개받고 출가했어도 주변에서 이렇다 할 운력에 대한 말이 없어, 마침 도량에 흩날리는 낙엽이 눈에 들어와 아침 공양 후 넓은 도량을 두 시간 정도 쓸다 보니, 자연스레 오전 일과가 되었다. 예전에 어느 행자는 마당을 쓸면 은사 스님은 도로 낙엽을 흩뿌려, 무려 열두 번을 반복하던 순간 '한 소식'을 했다고 한다. 나의 근기는 두 달여 낙엽을 쓸고서야 동안거 결제일에 임박하여 은사 스님으로부터 삭발을 했다.

수계 후 선운사 강원의 강주 소임을 보던 2009년도에는 매월 관음재일마다 꼬박 1년 동안 낙산사에 왕림하여 법문을 했다. 왕복 거리는 1000킬로미터였다. 당시 뒤늦게 사회복지학을 공부하던 터였기에 어느 때는 법문을 마치고 곧장 전남 광주에 자리한 대학교로 직행하기도 했다.

뿐만 아니라 지금 연재하고 있는 분량으로 그때도 1년 기약으로 매주 〈선방 이야기〉라는 제하題下에 원고까지 썼다. 참 빠듯한 일정이었지 싶다. 그해 연말쯤 되어서는 평소 음성의 절반에 미칠 정도의 기력이었다. 다행히 애타듯 원고에 매진한 일로 피부과 진료를 받은 일 외에는 별다른 장애 없이 회향했다.

낙산사는 의상스님이 창건한 사찰로서, 창건 설화에 걸맞게 영험한 기도도량이다. 거기에 더하여 의상스님은 『화엄경』의 중홍조라 할 수 있는데, 그때의 인연이었던지 수계 후 『화엄경』을 몇 차례 공부하게 되었다. 강원을 졸업함과 동시에 당시 방장이신 월하 노스님의 특별한 배려 속에, 사중과 강원 대중 그리고 강주 스님의 한결같은 협력으로 『화엄경』 현담과 경문을 2년여에 걸쳐 공부할 수 있었다.

그리고 1996년 종단에서 전문 강사 양성을 위한 삼장(경·율·논) 교육기관을 은해사에 개원했는데, 3년여 『화엄경』을 중심으로 여타의 경전을 공부했다. 2005년도 백양사 강원의 강주로 부임하여 4년여 지내는 동안 매년 『화엄경』 경문 전체를 공부하고 세 반이 졸업했다.

그렇게 몇 차례 『화엄경』을 보았지만, 막상 『화엄경』에 대한 개요나 내용을 정리한 이론적 정립은 미약하다. 다만 경전 경부에 대한 확신은 분명하다. 학문적이기보다는 신앙적인 신심으로 공부했기에, 경전의 위신력에 의한 마음속으로 느끼는 충만함이다.

정진精進

그동안 강원, 율원, 경학원, 선원을 전전하듯 만행하면서도 이렇다 할 장애 없이 공부할 수 있었던 것은 바로 그러한 위신력에 의한 확신이 있었기에 오늘이 있었다고 본다. 마침 불교대학에서 특강으로 〈법성계法性偈〉 강의를 준비하면서 새삼 『화엄경』의 깊은 도리를 음미하며 미진한 마음을 채워 주고 있다.

  완연한 가을이다. '오동잎 하나가 진다 해서 가을이 온 것이 아니다'라는 말이 무색하게 형형색색으로 물든 낙엽이 지고 있다. 수심도 그 속에 실려 보내기를 기도하는 바이다.

맑은 가난

유어_____ 柔語

　부드럽고 다정한 말이 유어柔語다. 이는 그 사람의 품성과 인격의 표현이겠다. 게송에 '성 안 내는 그 얼굴이 참다운 공양구요, 부드러운 말 한마디 미묘한 향이로세'라고 하였다. 이렇듯 그 사람의 체취와 고유한 향은 부드럽고 다정한 말에서 나와 온화한 표정으로 되리라.

　며칠 전에 있었던 일이다. 간곡한 부탁을 받고 모처럼 〈법성게〉 병풍을 썼다. 전에는 열 폭으로 쓰곤 했는데, 어떻게 이번엔 일곱 폭이 되었다. 그대로 병풍을 해도 괜찮겠다 싶어 곧장 화랑을 찾았다. 주인은 비슷한 화선지로 공란 한 폭을 더해 여덟 폭으로 배접하겠단다. 괜찮으니 일

136

맑은 가난

곱 폭으로 부탁하며 두세 번을 반복했다. 주인은 무어라 설명을 하면서 물러서지 않았다.

더 이상 우겨서 될 일이 아닐 듯싶어 부리나케 불佛 자 한 장을 써서 갔다. 주인은 갸웃하면서도 더 이상 말이 없었다. 이해가 되지 않아 주변에 말을 했다. 홀수일 경우 끝의 한 폭은 글이 밖으로 노출된다는 설명이었다. 그렇게 단순한 원리였다니. 얼굴이 화끈했다. 순간 주인의 온화한 표정이 떠올랐다. 이내 전화를 해서 사과를 드렸다.

사찰에서도 설이면 윷놀이를 한다. 선원에서 윷놀이 할 때면 으레 윷을 밤나무로 직접 깎았다. 그렇다 보니 때론 심판을 볼 때가 종종 있었다. 동그스름한 윷이기에 애매한 경우가 많다. 한창 열기가 오르면 억지 아닌 억지로 그 또한 재미를 더한다. 그럴 때면 "우기는 것도 윷입니다" 한마디에 좌중은 웃음바다가 되었다.

요즘 사중에서는 미담으로 화제다. 산내 암자에서 30년이 넘게 도량을 말끔하게 불사를 회향하고 어떠한 미련과 조건 없이 홀연 떠나는 스님이시다. 어느 날 주지 스님을 찾은 스님은 불쑥 산내 암자 감원 소임을 내려놓고 떠나겠

정진精進

다는 말씀에, 주지 스님은 '무슨 법문을 하시는가?' 싶어 귀를 의심하여 재차 질문해도 확고한 뜻임을 확인하고 순간 감동을 받으셨단다.

그동안 사중에서는 산내 암자이면서 교육도량으로서의 면모를 갖추었으면 하는 도량이 있었는데, 차제에 그 문제가 순조롭게 해결되어 사중 전체가 찬사를 아끼지 않고 있다. 그 스님은 그동안 도량 불사와 더불어 문서 포교에도 지대한 원력을 세워 일반인뿐만 아니라 특히 교도소와 어린이를 위한 불서를 무수히 간행하여 배포했다고 한다.

한 날은 어느 보살님이 불서가 발간된 지 3일 만에 미국에서 오셨더란다. 자녀를 통해 받아 읽고 너무나 감동을 받아 꼭 찾아뵙고 싶어 한달음에 달려왔다는 말씀을 듣고 스님이 더 감격하셨단다. 스님은 떠나면서 조용한 어조로 "갈 곳이 없으니 간다. 정해 놓고 간다는 것은 가는 것이 아니다. 그냥 무작정 간다"는 말씀을 하셨다는데, 평소 간간이 뵈었던 왜소한 체구임에도 뒤에 펼쳐진 영축산만큼이나 큰 울림을 받았다.

일 년 전 두 어른 스님을 뵈었다. 한 분은 "객기 부리지 말고 바르게 살라"는 말씀이셨고, 또 한 분은 "역량을 알고

분수껏" 지내라는 취지의 말씀을 하셨다. 공교롭게도 한 달 사이에 연거푸 듣게 되어 가슴이 '쿵!' 하는 심정이었다.

2016년 초, 백장암 선원에서 1년 남짓 납자들을 외호하던 중간에 '4만원' 통장 잔고를 확인하는 순간 앞뒤 돌아보지 않고 훌쩍 떠난 뒤로 내심 의기소침한 시기였다. 당연한 경책의 말씀인데도 그때는 스스로에게 부끄러움과 함께 마음이 너무나 무거웠다.

'무엇을 어떻게 해야지?' 하는 고심 속에 때마침 강의와 연재를 하면서 더욱 간절한 마음으로 임하게 되었다. 이순耳順의 세월에 걸맞게 이제는 심순心順 곧 마음이 순조로워지기를 다짐해 본다.

정진精進

반야심경_____ 般若心經

　자세히는 『마하반야바라밀다심경』 곧 '위대한 지혜로 피안에 이르는(이르게 하는) 핵심적인 가르침'이라 정리해 본다. 요즘 불교대학에서 특강으로 『반야심경』을 강의하고 있다. 두 시간에 걸쳐 세 차례를 강의해야 하는 일정이 예정돼 있어 그 어느 때보다도 주도면밀하리만큼 예습을 한다. 강의하며 배우는 심정에 환희심마저 든다. 누울 자리가 있어야 눕게 된다는 말처럼 마치 시절인연을 만난 듯, 800명이 넘는 열두 개 반에 특강을 포함하면 두 반을 빼고는 모두 강의하고 있다.

　구마라집의 『마하 반야바라밀다 대명주경』과 현장법사의

『반야 바라밀다 심경』의 경 제목을 합성하여 『마하 반야 바라밀다 심경』으로 유통된다는 내용을 필두로, 핵심사상인 공空은 연기緣起의 원리인 상의성相依性, 곧 서로 의지하여 존재하기에 결국 실체가 없고, 실체가 없는 것을 공空이라 하는데, 바로 제법諸法의 공함을 직관直觀하는 것이 반야般若 곧 사물의 이치와 실상을 꿰뚫어 보는 지혜라고 정리했다.

또한 오온五蘊의 공한 이치를 조견照見 곧 모든 존재의 실상을 바른 견해로 통찰하면 일체 괴롭고 불행한 일을 통과하듯 지나게 되어 색과 공이 다르지 않고 색과 공이 같다는 도리를 알게 된다는 대목에 이르러, 당나라 때 홍련이라는 기생과 태전선사의 일화를 든다.

십년불하축령봉 十年不下祝靈峯

관색관공즉색공 觀色觀空卽色空

여하일적조계수 如何一滴曹溪水

긍타홍련일엽중 肯墮紅蓮一葉中

10년 동안 축령봉을 내려가지 않고

정진하여 색과 공의 도리 알았노라.

내 어찌 수행한 이 한 몸을

정진精進

홍련의 품속에 안길 수 있으리오.

이 게송을 접한 한유는 그동안 불교를 비방하던 태도를 돌이켜 이후로는 불교를 홍포했다고 한다. 여기서 잠시 분위기를 전환하기 위해 노래를 한 곡 곁들인다. 홍련의 파계시키려던 마음에는 어느 정도 연정을 품지 않았을까 하는 심정으로. "눈물이 흘러 나의 볼이 젖어와도 그대 향한 마음은 지울 수는 없는데 우린 정말 헤어지나요~~."(김승덕 '우리사랑')

가끔 뒷말을 듣는다. 너무 슬퍼 눈물을 훔쳤다고. 사실은 2009년 선운사 강원의 강주시절 낙산사에서 1년 동안 관음재일마다 법문을 했다. 전국에서 30대가 넘는 버스로 1000명이 넘게 참석한 법회의 법상에서, 위 게송을 소개하며 그 노래를 불렀다. 그때가 5월 중순이었는데 대부분 눈물을 흘렸다고 한다. 그 후 일주일쯤 지나 당시 노무현 전 대통령이 서거하여 법회에 참석했던 불자들은 그 노랫말에 감정이입이 되었단다. 해서 6월달 법문하는 중간에 그 노래를 다시 했다. 눈시울이 붉어지며 훌쩍이는 소리에 그만 법상에서 눈물을 훔치며 내려온 기억이 있다.

어찌 출가인이 강의나 법회에서 노래를 드러내어 한단 말인가. 그렇다. 조심스럽다. '방안 풍수'라는 말처럼 어설픈 줄을 안다. 해서 나름 생각을 한다. 노래하되, 곡조의 리듬은 가능하면 민둥하게, 노랫말의 감정은 최대한 드러내지 않고 속으로 삭이듯이, 그리고 전적으로 노래하는 무대는 지양하고 한정된 장소에서 자연스레 한다는 지론이다. 어쨌든 조심스럽다. 이제는 두 시간 강의 중간에 한 곡 하는 것이 굳혀지듯 되었다.

화두에 개구즉착開口卽錯 폐구즉실閉口卽失 이라 했다. 글자대로라면 말을 해도 잘못이요, 말하지 않아도 그르친다는 것이다. 발상을 해 본다. 말해야 할 때 말하지 않는 것은 그르치는 것이요, 그렇다고 말하지 않아야 할 때 말하는 것 또한 잘못된 것이라고. 이것이 반야바라밀 곧 모든 것은 실체가 없이 연기하는 것으로 텅 빈 것임을 바로 알아 깨닫고 이를 삶 속에 실천하는 일이겠다.

정진精進

좌탈입망 _____ 坐脫立亡

단정히 앉은 채 왕생하는 일을 좌탈^{坐脫}이라 하며, 서 있
는 그대로 운명할 경우에는 입망^{立亡}이라 하는데, 통상 자리
에 앉은 채 입적^{入寂}하는 일을 좌탈입망^{坐脫立亡}이라 한다.

엊그제 노스님 한 분이 입적하셨다. 통도사 한주 재관
스님이다. 평소 천진함으로 인해 주위에서는 가끔 괴팍하
다는 오해를 사기도 했다. 한번은 일상 사용하는 다구가 때
에 절어 누렇게 된 상태로 차를 달여 주시기에, 보다 못한
스님이 보자기에 몽땅 쓸어 깨끗이 씻어서 갖다 드렸단다.
"아니, 어떻게 이런 새 다구를 사 오셨나요?" 하시더란다.

그뿐이 아니다. 평소 노상 대지팡이를 짚고 다니셨다. 어

쩌다 젊은이들이 손을 잡고 도량을 거닐거나 맨살이 훤히 드러난 이를 만나면 지체없이 몸을 찔러 사중을 곤혹스럽게 할 때가 있어 일명 '꼬챙이 노장'으로도 통했다.

한결같이 사중의 박물관을 들르셨다. 사연인즉, 노스님의 은사 반연인 신도분이 보관 중이던 '금동아미타삼존불상'을 수차례 설득하여 박물관에 모실 것을 합의하고 안치하였는데, 그만 보물로 지정되었단다. 그 공로로 사중에서는 방을 한 칸 배려하게 되었고 박물관이 휴관하지 않고는 어김없이 안치된 삼존불을 참배하셨다.

매해 여름이면 빠짐없이 수박을 대중공양으로 강원, 율원, 선원에 15교구인 만큼 15통씩 올리셨는데, 그런 연유인지 다비식에 사중의 대중 스님들이 자발적으로 많이 동참했다. 그래서 정진을 하면서도 대중 복을 지어야 한다고 했는가 보다. 예전에 소산스님은 지혜를 닦는 공부는 열심히 했는데 지은 공덕이 약해서 산에 땔감마저 듬성듬성 있다 하여 호가 소산疎山이라 했단다.

수박 공양에 얽힌 일화다. 교통이 여의치 않아 공양물을 읍내에서 봉암사까지 10킬로미터 남짓 거리를 짐 져 날라야만 했던 시절 한여름, 남자 네댓 명이 읍내에서부터 수박

정진精進

을 한 짐씩 지고 오는 중간에 수박을 한 통 먹게 되었단다. 서로가 상대방의 수박을 먹자며 실랑이를 벌여 누구도 양보할 기세가 없어 결국 가위바위보로 결정했단다. 생각 같아서는 본인의 수박을 내려 짐을 덜만도 했을 텐데, 그저 풋풋한 정이 그립다.

그동안 봉암사 선원에서 몇 차례에 걸쳐 정진했다. 1993년 봄에는 법주사 강원에서 『서장書狀』을 강의하던 어느 날, 홀연 '강의하기보다는 정진할 때'라는 생각에 책을 덮고 겨우 여비만 챙겨 찾았고, 2004년 봄에도 법주사 강원에서 꼬박 3년을 사교四教 과목을 강의하고 봄 산철 결제부터 1년을 지냈다.

당시 몇 개월 전에 학인들과 축구를 하다 한쪽 무릎 인대를 다쳐 겨우 삼배三拜를 할 정도로 상태가 좋지 않았다. 봄 산철 한 달 동안 행선준비에 맞춰 일어설 때마다 한쪽 엄지발가락에 힘을 주다 보니 통증이 너무도 심했다. 산철 결제가 끝날 무렵 그동안 꾹꾹 눌러 참았던 엄지발가락을 살며시 눌렀다.

때마침 익을 대로 익은 농이 삐죽이 나오는 모습을 납자 서너 명이 지켜보고는 "참 어지간하네요!" 한 기억이 있다.

2014년 봄과 가을 산철 결제를 지낼 때는 내로라하는 학승으로 명성을 떨치고 있던 스님들과 함께 정진했다. 짧은 기간이었지만 두 스님 모두 깊은 학식만큼이나 인품을 갖춘 모습에 숙연한 마음이었다.

　입적하신 노스님은 평소 "승려는 자기를 돌아보는 힘이 없으면 헛방이다!" "항상 자기 자신을 돌아보며 살아야 한데이!" 자주 말씀하셨다. 임종 두 시간 전까지 대화를 나누시다가 마루에 앉은 채 좌탈입망坐脫立亡하셨다는데, 원적圓寂 곧 생사의 고통을 여의고 과덕果德을 갖춘 모습이셨다. 임종에 즈음하여 "문을 열면 문을 닫을 줄 알라" 이르셨다고 한다. 문부터 찾아야겠다.

정진精進

修行

4

_____

수행

총림_____叢林

글자대로라면 갖가지 나무들로 빼곡히 들어선 숲이 총림
叢林이다. 이처럼 승가에서 각종 수행기관과 종무소 그리고
대중들이 두루 갖춰진, 종합적이고 복합적인 도량이 총림
이다.

총림에서는 정진대중 못지않게 종무소를 비롯한 여러 수
행처소의 소임자만 해도 인원이 상당하다. 거기에 흔히 뒷
방 대중(?)이라고 해서 요사채에 주석하고 있는, 소임을 역
임한 경력이 있는 스님들 그리고 정진을 두루 했거나 승랍
이 오래된 스님들을 통틀어 한주閑主라고 한다. 그중에 원로
나 노스님만큼은 예외다.

본래 한주는 한인閑人의 의미가 있다. 한가한 사람. 특히

선가^{禪家}에서는 공부를 마치고 마음까지 내려놓고 쉬어서 한 경지에 오른 이를 말한다. 해서 선원에서 정진하는 큰방 입구에 '한인물입^{閑人勿入}'이라는 편액이 있다. 공부에 한 경지 올라 마음을 쉬고 헐떡임이 없는 이는 정진 방에 들어가지 않아도 된다는 의미다. 어찌 공부에 끝이 있겠는가. 늘 정진하는 마음을 잃지 말라는 경책이겠다.

그동안 강원에서 공부한 이래로 강산이 세 번 변하는 동안 제방을 만행했다. 그래서일까, 주변의 권유와 사중의 배려로 지난해 통도사에 주석하면서 용상방^{龍象榜}에 한주로 등재되었다. 돌고 돌아 제자리에 온 심정이다. 어쩌면 부처님 손바닥 안에서 지냈다고 해야 할까.

학인시절에는 그분들이 아득히만 보였는데 막상 그 위치가 되고 보니 만감이 교차한다. 특정한 소임이 없어 조금은 여유가 있을 듯해도 조신^{操身}해야 할 일이 많다. 과유불급^{過猶不及}이라는 표현이 적절하지 싶다. 지나치거나 부족하지 않아야 한다. 그것이 대중생활의 묘미다. 흔한 말로 너무 튀거나 뒤처지지 않아야 한다. 그러나 그 속에는 절제와 배려하는 마음으로 화합하기에, 마치 용광로에서 광물이 용해되듯 자연스레 원융산림이 된다.

통도사에는 규모만큼이나 한주 스님도 많다. 수행 과정이 단순해서 경륜이 일률적일 것 같아도, 지나온 여정이 그리 단조롭지 않다. 해서 한가할 듯해도 저마다 지내 온 수행 이력에 따라 일상이 조금은 차별이 있다. 기도와 주력으로 일관하는 스님, 간경과 독송에 전념하는 스님, 때때로 법회의 법사로 초청 받아 설법하는 스님 그리고 홀로 정진하는 스님 등 다채롭다.

조금은 이르다 싶지만 지금의 심정은 '조용히 갈무리'하고픈 심사尋思다. 갓 출가해서는, 20년쯤 정진하고 걸망 하나에 의지하여 주유천하周遊天下하기를 꿈꾸었다. 꿈만 같았다. 돌아보면 아쉬움이 많았어도 마냥 꿈 같은 일은 아니었다. 다행히 정진 처소를 헤매듯 찾아다닌 것이 나름의 위안이다. 뭇 도량을 자주 옮겨 다니다 보니 주위에서 핀잔에 가까운 말을 듣곤 했어도 그다지 여한이 없다.

평소 좋아하는 문구가 있다. 수처작주隨處作主 곧 어디에서든 깨달음의 주체가 되라는 뜻이다. 거기에 의미를 더해 봤다. 누구나 갖고 있는 능력과 역량이 다를진대, 능력껏 역량껏 최선을 다하는 그 사람이 바로 주인공이라고. 또한 타고난 역량이라면 말할 나위 없겠지만 그렇지 않다면 열심히 배우고 노력하는 이가 주인공이리라. 그 주인공들이 화합하고 어우러져 원융산림으로 이루어진 도량이 총림이다.

통도사 일주문 앞 양옆에 세워진 석주石柱에 새겨진 문구다. 방포원정상요청규方袍圓頂常要淸規 이성동거필수화목異姓同居必須和睦, 삭발하고 가사 입은 출가인은 항상 청규를 준수하고 각성바지가 모여서는 반드시 화목해야 한다.

수행修行

지족_____ 知足

만족할 줄 아는 것이 지족^{知足}이다. 자세히는 소욕지족^{少欲}^{知足} 곧 욕망을 덜고 과분한 탐욕을 일으키지 않는 만족이요, 수분지족^{守分知足} 곧 분수를 지켜 만족할 줄 안다는 것이기에, 수행자에게는 더없이 수지^{受持}해야 할 덕목이겠다.

요즘 불교대학에서 여러 강좌를 강의한다. 매주 『금강경』, 선어록 그리고 발췌한 경문을 강의하는 세 반과 더불어 이따금 특강까지 더하면, 전체 열두 개 반을 수업하는 셈이다.

그동안 강원에서 강의하던 방식에 익숙하기에, 불자들을 대상으로 여러 차례 강의하면서 재미없고 때로는 지루하다는 지적에 가까운 평을 종종 들었다. 그도 그럴 것이 경전은 재미로 하기보다는 신심으로 바르게 공부해야 한다는 나름의 기준이 있었기에 더욱 그랬다.

특히 BBS불교방송에서 2006년도에『원각경』을, 2018년도에는 천태스님의『법화문구』를 정리하여『법화경』을 5개월여 방송하고, 2019년도엔 2006년에 4개월여 방송한『원각경』을 다시 재정리하여 2개월여 강의했다.

세 번 모두 경문에 충실한 마음으로 임하다 보니 다소 어렵고 전문적이라는 청취 소감을 들었다. 이제는 더 이상 그러한 틀을 고수하기보다는 나름의 방식으로 시험을 해야겠다는 생각을 했다. 해서 해당 경문의 핵심을 정리하여 그간의 경험과 부연된 내용으로 약간의 파격을 주고 있다. 예상 이상의 호응에 내심 안도의 숨을 쉬었다.

우선은 즐거운 표정이 좋단다. 그렇다. 애매하긴 해도 어쩌면 은퇴할 시기에 무엇인가 할 수 있다는 것에 감사한 마음이다. 더욱이 일상 하던 공부의 연장선이라 여겨져 스스로 용기가 더해지는 느낌이다. 몇 과목을 강의 준비하면서 때때로 새로운 시각과 안목으로 보게 될 때면, 그 무엇을 처음 발견한 것처럼 기뻐하는 감정이 전달된 것 같아 흐뭇하다. 지금의 심정은 강의한다기보다는 새로이 배운다는 표현이 낯설지 않다.

2013년 봄, 어학을 공부하기 위해 대만으로 출국했다. 그 때는 거의 백지상태에서 시작하는 심정이었다. 결심하기까지 모든 것을 다 내려놓고 새로 출가하는 각오였기에, 그간 중국어에 대한 갈망이 더해져 열심히 공부했지 싶다. 어느 날 가르치던 선생님으로부터 '총명聰明'하다는 소리를 들었다. 그렇게 해서 얻은 소득이 있다.

그동안 강의하는 데 익숙했던 사고가 공부하고 배우는 자세로 전환되듯 뒤바뀌어진 사고와 태도였다. 그래서일까, 요즘 강의하면서도 배운다는 생각이 더 든다. 하지만 여러 과목인 데다가 많은 반을 강의하다 보니, 행여 무엇을 굉장히 갖춘 것처럼 비쳐질까 두려운 생각마저 든다. 즐겁고 자신감 넘치는 모습이 분에 넘쳐 보이지는 않을까 해서다.

언젠가 방송에서 한때 장학퀴즈를 진행했던 아나운서의 소감을 들었다. 사전에 해당 문제에 대한 내용을 충분히 숙지하고 진행했다고 한다. 이후 답을 맞힌 학생 못지않게 박학다식하게 인식되어 부담스러웠다는 회고였다. 아마도 강의 듣는 분들 중에 나의 역량 이상으로 판단하지는 않을까 조심스럽다. 해서 스스로 넘치지 않기를 다짐한다.

주말에는 사중에서 유명한 재즈 보컬리스트의 재능 기부로 펼쳐진 공연을 관람했다. 산문 중간에 위치한 쉼터인 송수정送愁亭, 곧 근심을 내려놓는다는 편액에 걸맞게 두 시간여 공연을 관람하고 한결같이 즐거워하는 모습들을 보고 그간의 시름을 한순간에 떨쳐 내는 듯싶어 기뻤다.

누가 그랬다. 행복은 멀리 있지 않다고. 공자는 배우고 익히는 것이야말로 즐겁고 행복한 일이라 했다. 지금이 바로 그때이지 싶다. 한때 뜬구름이라도 잡을 듯한 패기와 용기로 걸망 하나에 의지하여 만행하던 그때 못지않게 즐겁고 만족한 심정이다.

수행修行

공양 _____ 供養

경전에 곡조와 운율을 넣어 부처님의 덕을 찬탄하여 공양 올리는 의례가 범패다. 범패는 의례와 의식인 영산재와 작법무作法舞를 행하여 영혼을 천도하는데, 오늘날 가곡(시조) 판소리와 함께 전통 음악의 한 장르로까지 발전하였다. 밖에는 명창과 유명 가수가 있다면, 승가는 범패에 뛰어난 스님을 어산魚山 또는 어장魚匠이라 한다.

어산의 유래는 중국 위무제의 넷째 아들인 조식이, 어산에서 범천의 노랫소리를 듣고 그 음을 터득하여 연구한 이후로 범패로 정립이 되었다 한다. 조지훈 시인의 〈승무〉는 작법무 곧 무용의 형태인 춤을 통해 세속적 번뇌를 종교적으로 승화시키는 모습을 형상화한 작품이겠다.

지난해 사중에서는 범패를 전문적으로 익히는 교육기관을 개설하여 매주 많은 스님들이 동참하여 수학하고 있다. 범패의 범음은, 천둥과 같이 심오하며, 맑아서 멀리까지 전파되고, 마음속에 스며들어 경애심이 우러나며, 쉽게 이해할 수 있어 듣는 이가 싫증나지 않는 음성을 이른다. '가릉빈가'는 이러한 음성을 소유한 상상의 새인데, 사람의 머리와 새의 몸으로 극락정토에 살면서 미묘한 음성으로 설법하기에 불교음악을 상징하는 표상이다.

음성 공양의 형태는 다양하다. 찬불가는 물론 법문 중에 읊는 게송과 대중가요 또는 개사한 노래는 설법 내용만큼이나 호응이 클 때가 있다. 그동안 초청된 강의나 설법 중에 종종 노래를 하곤 했다. 지난해 연말 화엄산림 법상에서 법문 말미에 어김없이 한 곡 했다.

"밤새~ 님의 모습인가 향기인 듯한 생각에~ 뜨거운 가슴으로 길을 나서도 막상 갈 곳이 없어요." 어느 보살님은 "아버님을 보내 드린 후 힘들었는데, 스님 노래에 그만 눈물났습니다"라며 법회 후 대웅전 마당에서 보시까지 챙겨 주셨다.

때론 노랫말도 큰 감동으로 와닿을 때가 있다. 지난해 산중에 주석하는 어른 스님께서 입적하셨다. 주변의 권유로 만장을 썼는데, 일찍이 서예를 접하게 되어 초등학교 4학년 때부터 한글을 익혔고, 출가해서는 3년여 한자를 사사한 이력이 있어 2박 3일 사뭇 썼다.

3일째. 한 보살님이, 입적 3일 전에 스님을 뵙고 한 말씀 부탁드렸다는데, 별다른 말씀 없이 "할 말은 많아도 아무 말 못하고 돌아서는 내 모양을 저 달은 웃으리" 하셨단다. 그 사연을 들은 대중들이 이구동성으로 만장에 쓰기로 결정되기 무섭게 순식간에 빼곡히 둘러섰다.

이목이 집중된 상황에서 지목을 받고, 법상에 오를 때만큼이나 긴장된 마음을 진정하고 이내 붓을 들었다. 다행히 두 줄로 쓴 글이 균형이 잡혀, 속으로 안도의 한숨을 길게 쉬었다. 옆에서는 일부 탄성에 가까운 음성과 함께 만족한 표정이어서 내심 체면이 서는 기분이었다.

만장은 몇몇이 고정해서 쓰기도 하지만, 대체로 문상 온 분들이 고인을 기리고 인연 된 내용을 쓰기에, 자연스레 필력을 감상하는 자리가 되기도 한다.

그 노랫말의 첫 소절은 "헤어지기 섭섭하여 망설이는 나에게 굿바이 하며 내미는 손~"이다. 지난달 중순 열흘여 인도 성지순례를 다녀왔다. 순례를 하는 동안 이렇다 할 설

맑은 가난

법을 못한 아쉬움에 회향에 임박해서 이 노래를 했는데, 동참한 불자들로부터 환호를 받았다.

행자시절, 수덕사 방장이셨던 원담 노장님 옆에서 꼬박 네 시간여 먹을 갈았다. 많은 대중에게 일일이 써 주시는 데 먹물이 휘호를 따라가기 벅차서, 중간에 맹물이라도 가져오라는 말씀까지 하실 정도였다. 노장님은 필력뿐만 아니라 문장력도 빼어나셨다. 어느 때는 3일간 메모 한 장 없이 만장을 쓰셨다는데, 그 말씀에 절로 경외심이 일어났다. 지금은 어디에 원력으로 사바세계로 다시 태어나셨으리라.

실상 _____ 實相

　모든 존재의 참된 본성, 있는 그대로의 진실한 모습이 실상이다. 자세히는 제법실상諸法實相 곧 유형有形 무형無形을 포함한 모든 존재, 이를테면 일체만법의 있는 그대로의 진실한 모습으로서 『법화경』의 핵심 개념이다.

　1996년 가을, 은해사에서 3년여 공부하는 동안 당나라 승상僧祥스님이 법화경 영험담을 찬집한 『법화전기』를 원고지 1000여 매로 번역했다. 그 뒤 『법화경』과 인연이 되어 2000년대 초, 법주사 강원에서 3년간 강의하면서 더불어 재가 불자들을 대상으로 강의했다. 당시 천태스님의 『법화문구』를 참조했는데, 워낙 방대한 내용이라서 3년여 강의

맑은 가난

했음에도 전체를 공부하지 못한 아쉬움이 많았다.

  4년 전, 고향 근처 조용한 사찰에 머물면서 학창시절 동창들과 인연 있는 분들을 대상으로 매주 『법화경』을 강의했다. 어느 날 문득 '핵심 개념을 연관 지어 정리할 수 있을까?' 하는 생각에 문맥이 통해 문장으로 엮었다.

  제법실상諸法實相·불지견佛知見으로 개시오증開示悟證[시]·일불승一佛乘·일대사인연一大事因緣. 곧 참다운 지혜佛知見로 있는 그대로의 진실한 모습諸法實相을 체득開示悟證하여 한결같이 성불하는 도리一佛乘. 이야말로 일생 동안 해야 할 공부一大事因緣이니라.

  순간, "환희용약歡喜踊躍이란 이런 것이구나!" 온몸에 전율이 일듯 형언할 수 없는 환희로움으로 어떻게 주체할 수 없을 지경이었다. 그렇게 보름여 너무나 행복한 감상이었다.

  그동안 만행을 하면서 누차 반복하듯 경전을 대했다. 그럴 때마다 새로운 심정이었기에 와닿는 감상이 늘 새로웠다. 돌아보면 지금까지 자존감을 잃지 않고 지탱할 수 있었던 동력이라 여겨진다. 다행히 그날의 감상에 이어 『법화경』을 대표하는 게송이 눈에 들어왔다.

제법종본래 상자적멸상 諸法從本來 常自寂滅相

불자행도이 내세득작불 佛者行道已 來世得作佛

모든 존재의 적멸한 모습諸法實相을 수행을 통해 체득佛知見 開示悟證하는 이는 내세에 반드시 성불一佛乘하리라. 그야말로 일생 동안 해야 할 공부一大事因緣이리라.

연이은 기쁨에 한 달여 너무나 행복했다. 실은 4년 전 고향 근처로 자리할 때 모든 것을 다 내려놓고 은퇴한 심정으로 그저 텃밭이나 일구며 여생을 보내겠다는 심사였다.

아니었다. 무엇이든 할 수 있다는, 해야겠다는, 선가禪家에서 말하는 분심忿心이 일순간에 솟구쳤다. '이참에 『법화문구』를 정리해야겠다'는 결심이 섰다. 마침 BBS불교방송에서도 기다렸다는 듯이 흔쾌한 회신이 왔다. 일찍이 2006년도 가을, 백양사 강주 소임을 볼 때 방송에서 4개월여 『원각경』 강의를 하고 호응이 좋아 이어서 더 하자는 제의를 "이다음에 충분히 충전한 뒤에 하지요" 했던 대화가 주효했지 싶다.

하루 30분 방송하는 데 있어, 교재 외에 『법화문구』를 정리한 내용이 노트 5~6면을 가득 채운 양이었다. 게다가 내용을 요약 정리하며 생각해야 하기에 수기手記로 해야만 했다. 그렇게 5개월여 정리해서 방송한 분량이 대략 원고지 3000여 매수의 부피에 사용한 펜을 헤아려 보니 정확히 열두 자루였다. 뿌듯했다.

방송을 회향하면서, 그동안 고향 근교에서의 2년간 생활을 접고, 대중처소에 나아가 정진해야겠다는 마음을 정하고 이내 걸망을 졌다. 지금은 그때의 원고를 늘 곁에 두고 지낸다. 당시의 열의와 자부심을 잃지 않고, 나태한 마음을 일으키지 않기 위해서다.

목신이거 _____ 木神移居

　비가 온다. 세찬 비다. 지난 한 달 사이에 꽤 여러 차례 큰비가 왔다. 사실은 한 달 넘게 나무에 매어 놓은 리본 크기의 화선지에 쓴 붓글씨가 멀쩡해서 하는 소리다. 목신이거木神移居 곧 목신木神은 옮겨서 이거移居하라는 내용이다. 이전에 어른 스님으로부터 오래되거나 큰 나무를 벨 때면 그렇게 써서 일주일 넘게 자를 나무에 미리 붙여 놓으라는 말씀을 들었다.

　하루는 소임자가 고사枯死한 오래된 나무를 위쪽은 잘라 내고 밑둥치를 자르려는데 톱을 대기만 하면 시동이 꺼지고 조금 떨어져 가동시킨 톱이 가까이 다가서면 시동이 꺼지기를 수차례 반복하다 그만 작업을 멈추었다는 소리를 듣고 써 준 리본 크기의 화선지다.

나무에 매어 놓은 지 이틀쯤 지나 큰비가 온다는 예보를 접하고 떼어 놓을까 하다가 그대로 놓아두었다고 한다. 다음 날 큰비에도 멀쩡했단다. 일주일 사이에 세 번가량 큰비를 맞고도 멀쩡한 모습에 자연스레 입소문이 퍼졌다. 지켜보기라도 하듯 그렇게 지난 시간이 한 달이 되었다. 아직도 멀쩡하다.

한번은 인연 있는 스님으로부터 요사채 불사를 하는데 불가피하게 오래된 큰 참나무를 베어야만 한다기에 그때도 그 내용을 여러 장 썼다. 스님은 나무에 매달고 일주일 넘게 기도했다고 한다. 나무를 베던 날. 단단히 예방을 했는데도 워낙이 큰 나무인지라 쓰러지는 순간 예상과 달리 한 바퀴를 회전하고 '아차' 하는 순간, 계곡의 골 파인 곳으로 순식간에 안착했다고 한다. 조금만 비켰어도 온 도량이 황폐할 뻔했단다. 믿기지 않아 한참을 지켜보았다고 한다.

2013년도에는 반년 넘게 대만에서 어학연수를 하고 왔다. 그동안 만행을 하면서 여러 차례 새로 결심하듯 마음을 정해 정진 처소를 택하곤 했다. 그때만큼은 모든 것을 다 내려놓은 듯한, 어쩌면 처음 출가할 때의 심정으로 결행했다.

그해 늦가을 막상 대만에서 돌아왔을 때는, 불현듯 밀려온 감정에 어떻게 주체할 수 없었다. 무엇을 어떻게 해야 할지 아무것도 할 수 없다는 생각에 그저 낙담하듯 무력감無力感에 빠져 두 달여 헤매듯 갈피를 잡지 못했다. 그러한 심정으로 백장암 동안거 결제에 입방했다. 난방은 화목 보일러였다. 전기와 겸용이었지만 주위에 간벌해 놓은 나무가 많아 납자들의 동의로, 궂은 날이 아니면 새벽과 밤에 정진하고 낮에는 주로 지게로 짐을 져서 날랐다.

처음에는 그저 어린시절 방학이면 지게 지고 나무하던 때를 연상하며 지게를 졌는데 한 달쯤 지나면서 새로운 느낌이었다. 왠지 몸에서 힘이 솟는 듯 무엇이든 할 수 있겠다는 의욕이 일었다. 비로소 그간의 일을 돌이켜 보며 마음을 추슬렀다. 아마도 '목신'의 도움이 있었지 싶다. 당시의 심정을 이야기하면서도 출가인이 웬 넋두리를 하는가 싶어 조심스럽다.

그동안 두 손을 세 번 펼친 손가락 숫자만큼 정진 처소를 찾아 헤매듯 여한 없을 정도로 만행을 했다. 그런 모습이 미덥지 못해 때론 진득하지 못하다는 핀잔에 가까운 소리를 듣곤 했지만, 나름 힘닿을 때까지 정진해 보겠다는 심정이었다.

어쩌면 지금 이렇게 지난날을 돌이켜 보며 때론 지나온 일들을 반조返照하는 심정으로 글을 쓸 수 있는 것은, 그 시절 '간절하고 절실한 마음'으로 만행한 경험이 바탕이 되었지 싶다. 또한 현재 종무소 포교국 소임에 임명된 다음 날부터 곧바로 불교대학 강의를 시작했지만 그다지 낯설지 않다. 스스로 위안해 본다.

시봉 _____ 侍奉

   스승 되는 스님과 원로 스님 그리고 사중의 중책 소임을
보는 스님을 모시고 받드는 일이 시봉侍奉이다. 시侍 자를 파
자하면 선남자 선여인人과 사찰寺, 곧 사찰에서 공손히 하는
이를 이르는데, 확대하면 불·법·승 삼보를 공경히 받들고
섬기는 불자를 연상할 수 있겠다.

   일상 어른 스님을 모시고 받드는 시자侍者를 시봉이라 이
른다. 시자에겐 몇 가지 갖춰야 할 일이 있다. 신심이 견고
하고 마음 씀이 정직하고 곧으며, 몸에 병이 없고 항상 정
진하는 자세여야 하며, 늘 마음을 챙겨 흐트러짐이 없고
교만하지 않아야 하며, 모시는 분의 말씀을 즉각 지혜로
받아들일 수 있는 역량을 갖추어야 한다. 그리고 보면 부

맑은 가난

처님을 25년 시봉한 아난존자를 두고 이른 듯싶다. 그만큼 시자의 역할과 중요성을 일깨운 덕목이겠다.

행자 생활 6개월쯤 지나 잠깐 은사 스님을 시봉했다. 하루는 설탕을 넣지 말고 커피를 타 오라고 하셔서, 밖에서는 별로 마셔 본 일이 없어 프림과 설탕을 듬뿍 넣었던 기억이 있어 그만한 양을 가늠해서 커피를 대략 두 숟갈 타서 드렸다. 한 모금 하신 스님은 "저런 미련한지고!" 하시고는 곧바로 적당량을 일러 주셨다. 대부분 청소하고 차를 우려내는 일이었고, 오시는 분들이 대부분 보살님들이라 며칠 그 앞에 차를 들고 갈 때면 영 어색했다.

아마도 당시의 생각은 은사 스님은 그렇다 해도 신도를 제접하는 일을 제대로 파악하지 못한 상황에서 차 심부름을 하는가 싶어 썩 내키지 않은 마음이 이입되어 어설펐지 싶다. 어느 날부터는 오시는 보살님들마다 차를 직접 타서 가져가도록 했다. 지켜보신 스님은 시자의 모습이 아니었던지 일주일 만에 교체됐다.

수계 후 10년이 훌쩍 넘어 은사 스님께서 갑작스러운 교통사고로 병원에 입원하셨다. 혈액 스물서너 팩을 긴급 수

수행修行

혈할 정도로 대형 사고였다. 담당 의사의 말씀이 "이렇게 큰 부상에도 어떻게 '아!' 소리 한 번 없으시네요"라며 사고를 떠나 수행자의 모습을 본 것 같다며 각별히 정성을 다해 주셨다. 사고 첫날부터 보름 정도를 꼬박 날밤을 새우며 간호해 드려, 되레 보름을 밤샘한 것 같지 않다는 위로를 받았다. 그동안 시봉하지 못한 아쉬움을 조금은 덜어낸 심정이었다.

강원에 처음 입방하여 큰 방에서, 지금은 입적하신 월하 방장 스님의 발우 시봉을 지목받아 2년 가까이 시자를 했다. 공양 때면 어김없이 15분 전에 미리 착석하고, 말씀은 없으셔도 강원 학인을 일일이 점검하듯 훑어보셨다. 돌이켜 보면 그러한 관심이 총림을 반세기 넘도록 대중을 제접하여 도량을 안정되게 유지시킨 비결이라 여겨진다.

스님께선 강직함과 공심이 남다른 분으로 정평이 나 있다. 일찍이 내로라하는 권력자 앞에서 당당한 말씀을 하신 일화는 가슴을 쓸어내릴 아찔한 순간이었다고 한다. 어느 날 한 납자가 칼을 들이대고 공부의 경계를 일러 달라고 하자 "니 지금 정지칼(부엌칼)로 뭐하노!" 이내 칼을 거두었다는 담력까지 겸비하셨다.

맑은 가난

동국대학교 이사장 소임을 보실 때는 관용 차량을 사적인 일에는 일체 운행하지 않으셨다는데, 그러한 공심은 사중에 살림이 어렵거나 불사할 때면 지체 없이 지참했던 공양금을 희사하셨다.

　강원에서 꼬박 5년을 지내며 『화엄경』까지 공부할 수 있었던 것은, 어쩌다 공양 때 보이지 않으면 각별히 챙겨 주셨기에 무사히 공부를 마칠 수 있었다. 특히 참선하기에 앞서 두 시간 가까이 '무無' 자 화두와 함께 몇 가지 당부의 말씀은 지금까지 지탱할 수 있었던 큰 가르침이셨다.

여가 _____ 餘暇

　휴식과 함께 취미 활동 등으로 자유로운 시간인 여가餘暇를 잘 활용함으로 해서 자연스레 마음의 여유도 갖추어지겠다. 어쩌면 출가 수행자에게는 오직 기도와 정진으로 일관해야 하기에 여가란 말이 그리 어울리지 않겠다. 수행 또한 삶이요, 여가 선용은 개개인의 취향과 선택의 몫이겠다.

　내겐 일찍이 어려서부터 익혀 온 취미가 있다. 한글 서예다. 초등학교 4학년 때 우연히 붓글씨를 쓰게 되었는데, 마침 은사님의 눈에 들어 졸업 때까지 방과 후 홀로 남아 3년여 사사師事했다. 당시 고향 마을의 신문을 모아 참으로 많은 양을 썼지 싶다. 이후에는 이따금 흐트러진 마음을 추스를 때 종종 혼자서 익혀 왔다.

출가해서는 20년 전 법주사 강원에서 꼬박 3년간 강사를 지내면서, 뛰어난 서예가를 만나 3년여 한문 서예를 습득했다. 애초 외부에 일체 출품하지 않고 더도 덜도 말고 『반야심경』 병풍을 쓸 정도만 지도해 주십사 당부하여, 짧은 기간 동안 꽤 여러 체본을 익혔다.

지금은 별도로 습득하기 위해 시간을 내기보다는 어쩌다 내방하는 이들을 위해 즉석에서 글을 쓰곤 한다. 그동안 나름 조심스러운 생각을 해 왔다. 글을 쓰되 작품이면서도 출가자의 글인 만큼 인격과 믿음이 전달되어야 한다는 소신이었다. 해서 출가한 지 20년이 되던 해. 2005년도에 백양사 강주 소임에 부임하여 비로소 즉석에서 글을 쓸 수 있도록 문방사우文房四友를 갖춰 놓았다.

근래에는 악기를 다루고 있다. 기타를 친다. 10년 전, 『불교신문』에 <선방 이야기>라는 부제로 그동안 축적된 모든 힘을 쏟아붓듯 전념하고 몸과 마음을 추스를 무엇인가를 찾을 무렵, 때마침 클래식 기타를 전공한 교수를 만났다. 1년여 지도를 받고는 한동안 잊고 지내다가 3년 전 고향 근교에 있는 사찰에 머물면서 1년가량 가요를 지도 받았다.

수행修行

요즘은 내방하는 이들이 기타를 확인하는 순간 이쪽에서도 준비되었다는 듯이 죽착합착竹着合着이 되어 즉석에서 몇 곡 튕긴다. 그저 서툰 것도 연주인 양 마냥 웃음을 자아내곤 한다. 대중처소에서는 여러모로 조심스러운데, 함께 지내는 대중들도 재미있어 하기에 다행이다. 특히 아침 공양 전의 10분가량 연주는, 청량한 느낌에 아침을 상쾌하게 맞는 기분이라고 격려까지 받아 매일 빠짐없이 하고 있다.

일찍이 청소년기 중·고등학교 시절엔 어려운 형편으로 학업을 중단해야 할 처지에 놓이곤 했다. 그때마다 고마운 분들과 동창들의 도움으로 무사히 학업을 마칠 수 있었다. 그러다 보니 그에 걸맞은 성의와 성실함이 있어야 했기에, 자연 의지적인 생활로 자칫 정서에 문제가 있을 법도 했다.

서예는 큰 위안이었다. 잘 쓰기 위함보다는 마음을 추스르고 위로하는 심정이었기에, 아마도 몸으로 익혔다는 표현이 적절하지 싶다. 게다가 평소 노래하기를 즐겨했다. 고등학교 때는 하숙집이 고갯마루에 위치해 있어 한 번씩 밖에서 노래를 부르면 근처에 자리한 집에서는 감상을 기억하고, 졸업 후에도 '노래 잘한' 학생을 궁금해했다고 한다.

수행修行

그래서일까, 강의나 법회 때면 내용만큼이나 노래를 감상한 소감을 종종 듣는다.

　요사이 잠잠하려던 코로나19 감염병이 급작스레 확산일로에 놓이고 뜻하지 않은 수해로 누란의 위기라 할 만큼 어려움에 처해 몹시 심란하다. 어쩌겠는가. 더 이상 물러설 수 없다면 당당히 맞서라 했다. 무모함이 아니겠다. 온갖 지혜를 동원해서 조속히 극복되기를 간절히 기도하는 바이다. 이런 때일수록 마음을 위로할 그 무엇이 필요하겠다. 여가는 곧 자투리 시간인 만큼 알뜰한 취미를 활용하여 정서가 메마르지 않았으면 한다.

입각 _____ 入角

화두에 노서입각老鼠入角 곧 아무리 노련한 쥐일지라도 소뿔 속에 들어가면 옴짝달싹 못하는, 그러한 경계를 헤치고 나와야 화두타파의 도리겠다. 앞뒤가 꽉 막혀 마치 장벽에 맞닥뜨렸을 때의 심정으로 참선을 해야 한다고 달마대사는 이른다.

외식제연外息諸緣하고 내심무천內心無喘 곧 밖으로는 모든 인연을 쉬고 안으로는 헐떡이는 마음이 없어, 심여장벽心如牆壁일 때 가이입도可以入道 곧 마음은 장벽을 대한 듯해야 비로소 도를 체득할 수 있다고 했다.

여기서 입각入角은 마치 장벽牆壁에 맞닥뜨린 궁지窮地에 처한 상황으로, 밖에서 말하는 '바닥을 친' 힘들고 절박한 경우라 할 수 있겠다. 수행하는 이에게 있어 '궁지'는 정진 중에 느끼는 한계와 회의감에서 오는 감상이겠다. 그러면서도 상황이 궁색해질 때는 안과 밖이 별반 다를 바 없지 싶다.

4년 전 이맘때, 대중처소를 떠나 막막한 심정에 갈피를 잡지 못하고 헤매듯 할 즈음, 고향 근처 조용한 사찰을 소개받았다. 마침 창건주 거사님의 일성이, "단 한 명이 되더라도 불교공부를 제대로 했으면 합니다"였다. 그렇다면 이 참에 은퇴한 마음으로, 인연 있는 분들과 옛 동창들을 벗 삼아 경전 강의와 함께 텃밭을 일구며 지내는 것도 괜찮다 싶어 선뜻 수락했다.

꼬박 2년을 지내면서 모처럼 고향분들과 옛 동창들 그리고 친구들과 많은 정담을 나누었다. 그때 이런저런 인연으로 30여 명이 모여 매주 『법화경』을 강의했다. 그렇게 1년쯤 지나던 어느 날, 방송에서 대담자 중에 박경리 선생의 『토지』를 읽으며 힘든 시기를 보냈다는 말에 솔깃해서, 지체 없이 서점에 들러 근래 새로 편집된 스무 권의 책을 구입했다. 그날로 짬짬이 읽은 지 6개월쯤 지났을까, 열세 권을 읽었다.

일찍이 장편소설을 종종 읽곤 했다. 1992년 송광사 율원에서 지낼 때는 『성유식론』을 논강하면서 『바람과 구름과 비』 『소설 토정비결』을, 1995년 통도사 율원에서 꼬박 1년을 있을 때는 『사분율』 그리고 『불교개론』 서적과 함께 『아리랑』을, 2006년 『원각경』 라디오방송 강의를 마치고는 그간의 모든 힘을 다 쏟았다 싶어 강원에서의 강의와 늦게 야간에 사회복지학을 공부하러 가는 일 외에는 이렇다 할 기획이 손에 잡히지 않아 『삼한지』를 비롯해서 꽤나 소설을 읽었다.

돌이켜 보면 그 시기에 소설과 함께 독서를 한 것이, 그간의 생활을 반조하는 계기가 되어 이후에 이어진 일들의 자양분과 바탕이 된 듯하다. 특히 2009년 신문에 선방 관련 원고를 연재하면서 '선禪'에 관한 서적과 더불어 읽었던 책들은 큰 보탬이 되었다. 그리고 2018년 『법화경』을 강의하기 전에 읽었던 『토지』로 인해, 마음이 전환되었을 뿐만 아니라 다잡게 된 계기가 되었다.

지난해 가을부터는 방송 강의와 몇몇 법회를 준비하는 과정에, 관련된 서적과 함께 읽은 『정글만리』 『천년의 약속』은 새삼 독서의 즐거움과 소중함을 더해 주었다. 요즘은 연

재에 집중할 수 있어, 일주일이면 한두 권의 책을 읽게 된
다. 덕분에 그동안 밀어 두고 읽지 못했던 서적을 뒤적여
독서하는 재미가 쏠쏠하다.

코로나19로 힘든 시기에 재미와 쏠쏠하다는 표현이 민망
스럽다. 더구나 이러한 시국에는 신심으로 기도와 정진의
모습을 보여야 하는 처지이기에, 행여 위로와 극복할 수 있
는 의지를 약화시키는 것이 아닐까 하여 더욱 그렇다. 속담
에 '하늘이 무너져도 솟아날 구멍이 있다' 하지 않았는가.
어려운 때일수록 독서도 한 방법이 되지 않을까 하는 마음
에서 소박한 심정으로 적어 본다.

외호 _____ 外護

계법에 의해 신·구·의身口意를 방호하여 과실을 수습하고 갈무리하는 것을 내호內護라 한다면, 수행과 불법 홍포를 위해 후원하고 돕는 일을 외호外護라 한다. 관례로 수행과 정진을 위한 전반적인 일, 곧 사무 행정과 제반 여건을 관리하고 주관하는 일을 도맡아 하는 이를 외호 대중이라 한다. 또한 종무적으로 주지 스님을 위시한 소임자와 나아가 단월(檀越, 시주자)까지도 포함되겠다.

특히 가람(伽藍, 도량)을 외호하는 사찰 토지신을 모신 전각으로 가람각이 있다. 통도사의 가람각은 건립한 지 300년이 넘은 지금까지 그 전각에서 연례행사로 면면히 이어온 의식이 있다. 섣달그믐날 한밤중, 그것도 자정에 맞춰 주지 스님을 위시한 소임자와 긴 세월을 지나면서 이어 온 행사로 인해 자연스레 동참하는 신도들도 상당하다. 이는 소임자뿐 아니라 불자들도 외호 대중이라는 의미이다. 그날 의식의 주관은 주지 스님이다.

일찍이 현재 주지 스님은, 20년 전 선원에서 함께 정진했다. 1990년대 말에 종단적인 일로 통도사 사중에서는 이런저런 일이 있어, 그 중심적인 역할로 여러모로 힘든 상황에서 스님을 뵈었다. 그래서일까, 스님은 새벽 세 시에 입선入禪인데도 늘 한 시간 전에 기상하여 철저하리만큼 정진에 매진한 지 반 철(달포)쯤 지나 말씀하셨다. "마음이 편안하네요!" 그간의 마음고생(?)을 다 내려놓은 듯한 일언一言이셨다.

해제 후 얼마 지나지 않아 통도사 주지 스님으로 부임해서 임기를 마치고, 제방 선원에서 10여 년 더 정진하셨다. 총림의 주지 소임은 한 번 보기도 어렵다고 하는데 재차 주지 소임을 보게 된 것은 그간의 기도와 정진한 공덕이라 여겨진다. 모쪼록 원만한 원융산림이 이루어져 훗날 '외호 선지식'으로 전해지기를 기원하는 바이다.

난 2005년도에 백양사 강주로 부임했다. 당시 30여 년 강주 소임을 지내신 스님으로부터 당부의 말씀을 들었다. 도량의 안정을 위해 그동안 사천왕문에서 새벽예불 후 음력 초하루와 보름에 기도를 하셨단다. 뒤를 이어 차질 없이 기도하기를 바란다는 말씀이셨다. 당부대로 4년여 지내는 동안 한 번도 거르지 않고 기도했다. 이렇다 할 바람막이도 없는 난달이어서, 한겨울엔 통로를 지나는 바람이 거셌지만 별 장애가 되지 않았다.

아마도 그 공덕이었던지, 강원에는 별 탈 없이 세 반 모두 『화엄경』 본문을 끝까지 공부했는데, 그중에 한 반은 12월 한겨울에 『화엄경』을 종강하던 날, 방에 방치되어 시들했던 난에서 일곱 송이 꽃이 피었다. 그러려니 했는데 그 모습을 본 학인 스님이 말했다. "저희들 여섯 명과 강주 스님까지 일곱 명을 상징하는 것 같습니다." 순간 감동이 밀려왔다.

도량의 안정을 위한 기도였지만 가피라 느껴졌다. 기도의 가피는 꿈속에서 현몽하듯 나타나고, 모르는 사이에 그윽이 나타나기도 하며, 눈앞에서 확연히 나타난다고 했는데, 왠지 『화엄경』의 위신력과 함께 기도 가피로 여겨져 내심 흐뭇했다.

수행修行

그저 산속에서 무슨 일이 있을까 싶어도, 대중생활에서는 생각하지 못한 상황이 일어날 때가 있다. 이에 대중을 대표하는 소임자는 때론 그러한 상황까지도 도의적인 책임을 져야 하기에, 일상 기도와 정진하는 자세로 대중을 외호하는 마음이어야 한다. 그래서 예전부터 승가의 소임을 '닭벼슬'이라 했는가 보다. 외호하는 대중은 늘 정진의 끈을 놓지 않고 임해야, 소임을 놓은 이후에도 여법해질 수 있다는 뜻이겠다.

외호 대중의 공덕이 깊을수록 정진 대중과 도량은 외호무외外護無畏 곧 팔부신중 등 선신이 보호하여 뭇 마구니의 장애에 두려움이 없게 되리라. 그만큼 외호 공덕이 지대하다 하겠다.

맑은 가난

영험_____靈驗

제불보살의 가피력과 위신력에 의한 신령하고 불가사의
하며 믿기 힘든 경험을 영험靈驗이라 이르며, 경전 수지受持,
독讀, 송誦, 해설解說, 서사書寫의 체험으로 나타난 이변 또한
영험이라 한다.

그러한 영험은 신앙이라는 믿음 체계에 근거한 경험인
동시에 신앙을 더욱 심화할 수 있는 체험이겠다. 목련존자
가 초심자 등 여타의 사람들, 성불成佛이 요원하게 느껴질
수 있는 이들을 위해 보인 신통력은, 영험담을 의지하여 깨
달음에 나아가도록 하는 방편이겠다.

일찍이 삼장법사 현장스님은 천축 길에 나서면서 문둥병

에 걸려 숨이 넘어갈 듯한 노스님을 만나 지성으로 간병하고, 완쾌한 스님은 "삼세제불의 심요心要 법문이 여기 있으니 이것을 늘 기억하여 외우면 온갖 악귀를 물리치고 안전하게 다녀올 수 있으리라" 하셨다. 그때 건네받은 경전이 범어로 된 『반야심경』이었다.

온갖 위험을 겪으면서도 무사히 천축국 나란타사에 도착하자, 거기서 다시 만난 그때 노스님이 "관음보살의 화신이니라" 이르고 천화遷化 곧 이 세상의 교화를 마치고 다른 세상의 교화를 위해 옮겨 가듯 표연히 떠올라 하늘 높이 사라졌으며, 귀국 후 관음보살이 가르쳐 준 『반야심경』을 가장 먼저 번역하여 유포시킴으로써 이후 『반야심경』으로 인한 많은 영험의 사례가 있게 되었다.

일전에 윤달을 기해 사중에서는 가사불사를 회향했다. 전에는 사찰별로 가사를 총괄하는 도편수의 주관하에 자체적으로 가사를 짓는 불사를 했지만, 이제는 종단 차원에서 관리하고 제작하여 배포하기에 오조가사와 일부 한정된 가사만을 짓는 불사를 한다.

회향하는 날 사시巳時에, 법당에 가사를 이운하려는 의식을 할 즈음 도량에서 갑자기 환희에 찬 음성이 들려왔다.

대중들의 시선을 따라 하늘을 보니 이변이 일어나고 있었다. 맑은 하늘에 갑자기 구름이 끼면서 해무리가 형성되었다. 장관이었다.

2003년 가을, 월하 노장님의 다비식 때의 일이다. 다비장은 사중과 1000미터가 넘게 떨어진 곳이었다. 당시 다비는 장작을 쌓아서 하기에 하룻밤을 꼬박 새우곤 했다. 저녁 9시쯤, 사리탑 쪽 공중에서 붉은 불기둥이 광명을 비추며 솟아올랐다. 다비장에 있던 대중들은 화재가 일어났나 싶어 주의 깊게 살폈다는데, 이변이었다.

이어 49재 때는 법당에서 의식을 하는 중간에, 사회 보는 스님으로부터 바깥 하늘에 영롱한 무지개가 떴다는 전갈이었다. 법당 안에 있었는데, 순간 온몸에서 수모竪毛 곧 털이 솟는 전율을 느꼈다. 의식을 마치고 영상을 확인하니, 정녕 믿기지 않을 광경이었다. 용이 승천한 듯 회오리를 일으키는 구름 띠가 무지갯빛을 발하며 하늘을 수놓고 있었다. 경이로웠다. 문득 스님의 생존 모습이 떠올라 눈시울이 뜨거워졌다.

2005년에는 총무원장 재임 중에 입적하신 법장스님의 영결식에 참석했다. 조계사 대웅전 앞마당이었다. 의식을 하려는데 갑자기 대중들의 함성이 들려왔다. 맑은 하늘에 법

수행修行

당 위쪽으로 형성된 구름에서 무지갯빛을 하고 있었다. 감동이었다.

  그동안 여러 차례 믿기지 않을 영험을 목격하고, 때론 현장의 증언을 통해 증험證驗된 이변에 많은 것을 돌아보게 된다. 감동과 환희, 때론 온몸에 전율을 느낀 것은, 정녕 영험이 준 교훈이었다. 앞으로 어떠한 자세로 어떻게 정진해야 할지 되새겨 보며, 다시 한 번 인과와 윤회에 대한 확신을 갖고 지내야겠다는 다짐을 해 본다.

맑은 가난

터득_____ 攄得

이치를 깊이 생각하여 깨달아지는 것이 터득攄得이다. 어쩌면 어느 한 경지나 경계에 다다른 일이리라. 밖에서는 한 분야에서 최고의 단계인 9단을 넘어서면 입신入神이라 하고, 음악에 있어서도 그 경계를 뛰어넘으면 득음得音의 경지라 하듯이, 수행에 있어 정진력이 더해져 어느 순간 득력得力 곧 법을 터득한 정진력을 갖추는 일을 그렇게 이른다.

강원시절 3년 차 경반 때.『능엄경』『금강경』『기신론』을 공부하고 열흘여 방학을 맞아 아늑한 암자에서 기도를 하며 『원각경』 과목만을 남겨 둔 일정이었기에, 경전을 보는 실제 역량이 어느 정도일까 스스로 점검하듯 미리『원각

맑은 가난

경』을 대했다.

"아!" 스스로 감탄하고 무릎을 치며 한 말이었다. 2년여 목이 잠길 정도로 간경을 하고 3년 차에 비로소 한문 경전의 내용이 눈에 들어오는 순간이었다. 그렇게 인연된『원각경』은 2006년 규봉스님의『원각경대소』를 1500매 원고로 번역했다. 요즘엔『통도』회보에 요약해서 연재를 하고 있다. 또 한 번 "아!" 할 때는 의미를 꿰뚫는 터득의 순간이기를 기대해 본다.

일찍이 1000일 기도를 세 번이나 회향하고 지금도 여전히 기도 일념인 스님과 한 도량에서 지낸다. 어느 날 기도한 소감을 질문하자 그저 소이부답笑而不答 곧 빙그레 웃을 뿐 답을 듣지 못했다. 설명할 수 없는 그 무엇이겠다. 평소 소박하고 천진한 모습 그 자체로 말해 주는 듯하다.

수행자라면 출가해서 한동안은 법法과 도道에 대한 이상에 치우치다가 어느 시기에 이르러서는 현실 곧 일상의 삶에서 그 무엇이 와닿게 되는 것을 체감體感하게 되는데, 기도가 몸에 밴 스님은 일상의 생활이 그래서 더욱 자연스럽게 보이는가 보다. 득력한 모습이지 싶다.

게송을 참 많이 암송하는 도반 스님이다. 한때『능엄경』

수행修行

을 수없이 간경하며 암송한 뒤로는, 접하는 게송마다 속속 와닿아 자연스레 외우게 되었단다. 평소 철저한 계율이 몸에 배었기에 그 또한 바탕이 되었으리라. 이번 하안거는 선원에서 결제하고 있는데, 해제해서는 어떻게 체득體得한 모습일지 자못 기대가 된다.

평소 기타와 서예를 취미로 하고 있다. 기타의 경우 한동안 지도받을 때는 어찌 그리도 음의 마디가 연결이 되지 않던지, 언제쯤 매끄럽게 연주가 될까 의심을 하며 중단하고픈 생각이 들곤 했다. 어쩔 수 없이 혼자 해야만 하는 여건이기에 간간이 연습하던 어느 날, 음의 마디가 자연스레 연결되는 것을 확인하는 순간 "아하!" 하게 되었다.

요즘은 다소 서툴긴 해도 간단한 악보를 그런대로 즐겨가며 연주할 수 있어 흐뭇하다. 서예만 해도 그렇다. 여러 체본體本을 습득했기에 일정한 체라 할 수 없다. 어쩌다 예약된 글일 때는 집자集字해서 조합하다 보니 그러한 과정에서 느끼는 기쁨이 있다. 터득이라고 하기엔 미흡하지만, 어찌됐든 스스로 알아 가는 과정이 즐겁다.

바람이 있다. 문리文理·물리物理다. 지금까지 여러 차례 반

194

복하여 경전을 대하면서 한문 경전이 시원스레 터득되기를 발원한다. 전에 열심히 공부하던 스님은 어둠 속에서 안광眼光 곧 눈에서 빛이 나와 경전을 독송했다고 하는데, 다시 한 번 명심하게 된다.

  힘든 시기다. 절실한 마음으로 그동안 익혀 온 취미나 일들을 돌이켜 보고 스스로 터득할 수 있는 그 무엇을 찾아 극복할 수 있기를 간절히 발원하는 바이다.

수행修行

포행 _____ 布行

    좌선하는 중간에 잠시 걷는 것을 포행이라 한다. 경행經行 또는 행선行禪이라 하는데, 걷더라도 늘 참선하는 마음으로 걸어야 한다는 것이다. 일상 가벼운 산책과 소요하듯 걷는 것도 포행이라 한다. 포행은 곧 조행操行이겠다. 흩음이 없는 몸가짐과 품위를 잃지 않고 위의를 갖추어 걸어야 한다는 의미다.

    선원에서는 공양 시간 전후로 가벼운 산행을 겸한 포행과 좌선 중간에 하는 포행으로 나눌 수 있겠다. 30년 전 동안거를 해인사 선원에서 첫 철을 지낼 때였다. 4시간 수면에 12시간 이상의 정진이었기에, 중간에 포행 시간이 많았다. 처음이었기에 대중을 따라서 큰 방에서 줄곧 한 철 동안 포행하고는 발바닥에 굳은살이 생겼다. 후에 알았지만, 굳이 큰 방이 아니라도 밖에서 해도 무방한 일이었다.

그 후로 선원에서 정진할 때면 양해를 구하고 밖에서 포행했다. 때로는 소임자에 따라 큰 방에서 에누리 없이 해야 할 때도 있다. 2000년 동안거 송광사 선원에서 결제하는 첫날 소임자의 일성이, "좌선 중간에 하는 포행은 반드시 큰 방에서 하겠습니다"였다. 앞서 10년 전에 따끔한 경험을 했기에 곧장 밖에서 포행하겠다는 소견을 밝혔다. 당시 승랍이 상판, 중판, 하판으로 볼 때 중판쯤 되었으니 어쩌면 당돌한 의견일 수도 있었다.

공교롭게도 혼자였다. 매서운 추위였다. 대부분 그러한 사실을 감지한 납자들이었기에 왜 혼자였는지 그때서야 알았다. 그렇다 해도 발바닥에 굳은살이 붙는 것보다는 낫다는 생각에는 변함이 없었다. 10년이 조금 지나 2012년도에 또다시 송광사 선원에서 결제를 하게 되었는데, 그때 그 추위에 혼자 밖에서 포행한 일이 회자된 사실을 알게 되었다.

포행은 무엇보다도 위의를 갖춰 여법해야 한다. 일찍이 은사 스님으로부터 경책을 들었다. 걸음걸이가 양팔을 크게 휘둘러 마치 땅을 휩쓸 듯한 모습이라는 지적이셨다. 해서 마음속으로는 늘 조신操身해야 한다는 생각을 잊지 않고 있다. 더구나 평소 풀 먹인 무명 승복이라서 조금만 지나쳐도 행동거지가 크게 보이기에 더욱 조심스럽다.

백양사 강원에서 강주 소임을 보던 때의 일이다. 인근에 있는 부부가 늘 아침 일찍 대웅전에서 기도를 했다. 그 시간이면 아침 공양 후 강사진 스님들과 포행을 했는데, 그분들 이야기로 유독 반듯하게 풀을 먹인 승복의 모습이 너무나 신선했단다. 그렇게 1년 넘게 지켜보던 어느 날 초대를 받았다. 꽤 규모 있는 우사牛舍를 세우는데 기도를 해 주십사 하는 부탁이었다. 강사 스님을 대동해서 상당히 넓은 터를 돌면서 의식을 했다. 부부의 덕담이 아직도 생생하다. "늘 반듯하게 풀을 먹여서 다려 입은 모습이 마음을 청량하게 합니다!"

승복에 풀을 먹이고는 다려 입게 된 것은, 처음 선원에서 정진할 때부터였으니 어느덧 30년이 되었다. 처음 풀해서 손질할 때를 생각하면 아직도 실소失笑가 절로 나온다. 가당찮게 서툰 손질에 지켜보던 납자들이 지나치며 하나하나 일러 주었다. 그렇게 몇 차례에 걸쳐 배운 솜씨로 아직도 꽤 맵시 있게 다림질을 할 수 있게 되었다.

현재 사중에는 대중 스님들이 많아 공양 후 포행하는 모습이 장관이다. 특히 아침 공양은 전 대중이 동참하기에, 공양 후 포행하는 모습이 온 도량에 가득 찬 느낌이다. 때때로 대중 스님들과 산문까지 2킬로미터 남짓 포행을 한다. 어느 때는 풀해서 다려 입은 스님을 궁금해하더란다. 정갈한 승복이 때로는 위안을 줄 수 있기에 다시 한 번 옷매무새를 살피게 된다.

수행修行

회향_____ 廻向

    자기가 닦은 공덕을 다른 사람에게 돌려 다 함께 성불^{成佛}하기를 바라는 것을 회향^{廻向}이라 하는데, 통상 어떤 일을 마무리하고 성취한 것을 두고 그렇게 이른다.

    어느덧 1년의 연재를 마감하게 되었다. 10년 전, 지금과 같이 1년간 연재하면서 몸부림치듯 애태우며 마감하다 보니 피부병으로까지 이어져 연재하는 내내 정기적으로 병원 신세를 졌다. 마감했을 때는 그동안의 모든 것을 쏟아부었다는 느낌에 이제 더 이상 어떠한 글도 쓸 수 없으리라는 생각이 들었다.

하지만 지난해 본사에 방이 정해지는 순간, 마치 고향을 찾은 것 같은 안도감과 함께 지난날을 되짚어 보며 그동안 무엇을 했는지 회상하면서 지나온 흔적을 조금은 정리하겠다는 바람을 갖게 되었다.

공교롭게 불교신문사로부터 재가인在家人들의 신행에 보탬이 될 글을 제의받고 선뜻 응하긴 했어도 결코 녹록한 일이 아니었다. 뒷방에서 끙끙대듯 겨우 원고를 쓴 지 5개월이 지날 무렵 얼떨결에 사중의 포교국 소임을 보게 되면서 뜻밖의 활력소가 되어 너무나 소중한 기회가 되었다. 불교대학 강의와 사중의 회보 편집하는 일을 주로 하는 과정에서 자연스레 원고가 이루어졌다.

불교대학 강의를 준비하면서 새삼 새로운 공부를 하는 심정이었고, 그동안 몇 차례 재가인을 대상으로 강의하면서 어렵다는 말을 종종 들었던 터였기에 호의적 반응을 보고 그 어느 때보다도 뿌듯한 보람을 느꼈다. 그리고 막연하게 여겼던 회보 편집 일이 그렇게 여러 과정을 거치는 줄 미처 몰랐기에, 창작하는 이들의 심정을 조금은 이해할 것만 같았다.

이렇게 또다시 연재할 수 있었던 것은 10년 전 연재한 이후의 생활이 바탕이 되었지 싶다. 2011년 한 해. 시내 포교현장에서는 사찰마다 웬만큼 불교기초교리를 공부했으리라는 짐작에 『법화경』을 강의하면 되겠다는 판단을 하고 실행했는데, 예상 외의 호응으로 값진 체험을 했다. 2013년 봄. 모든 것을 내려놓은 심정으로 대만에서 잠시 어학을 공부하고는 그동안 가르치는 데 익숙했던 태도를, 배우는 자세로 정신무장을 하게 된 계기가 되었다.

귀국 후 어느 날 문득 아무것도 할 것이 없다는 무력감에 빠져 낙담한 심정으로 무작정 배낭을 지고 나섰을 때는, 불교를 위해 열의를 다하는 거사님을 만나 출가인으로서 너무나 부끄러움을 느끼고 열흘여 만에 새롭게 마음을 다지는 일도 있었다. 출가하여 30년이 되던 2015년. 백장암 선원에서 1년간 납자들을 외호하고 통장에 4만원 잔고를 들고 걸망을 졌을 때는, 새롭게 출가하는 심정이었다.

2016년. 조그만 텃밭을 일구며 여생을 보내겠다는 각오로 찾은 곳이 고향 근처 조용한 암자였다. 가까운 지인들을 대상으로 매주 『법화경』을 강의하며 1년쯤 지나, 늘 마음에 두었던 천태스님의 『법화문구』를 정리하여 5개월여 방송을 하고 형언할 수 없는 그 무엇이 마음을 움직일 즈음, 가까운 도반 스님의 권고로 2년간의 생활을 접고 본사인 통도사 선원에서 1년을 지냈다. 곧바로 본사에 방이 정해져 지난해에는, 2006년에 4개월여 방송했던 『원각경』을 요약 정리하여 다시 2개월여 방송하고 연이어 이렇게 연재를 하게 되었다.

지난 10년이 마치 어두운 터널을 지나온 것만 같다. 다행히 밖에서 말하는 바닥이라고 생각할 때, 무엇인가를 새롭게 시도하는 계기가 되어 정진의 끈을 놓지 않았던 것에 대해 마음속으로 늘 감사하게 생각한다. 그리고 연재를 마감하기까지 여러 조언과 끊임없는 성원을 해 주신 사부대중들께 깊은 감사를 드린다.

어떻게 지낼까. 분향세발과여생焚香洗鉢過餘生, 곧 예불하고 공양하며 여생을 보낼 생각이다. 훗날을 기약해 본다.

맑은 가난

초 판 1쇄 발행 2021년 2월 15일
개정판 1쇄 발행 2021년 4월 12일

지은이 선행
펴낸이 오세룡
편집 유나리·박성화·손미숙
기획 최은영·곽은영·김희재
디자인 행복한물고기Happyfish
　　　　고혜정·김효선·장혜정
그림 최밈밈
홍보·마케팅 이주하

펴낸곳 담앤북스
주소 서울특별시 종로구 새문안로3길 23 경희궁의 아침 4단지 805호
대표전화 02-765-1251　**전송** 02-764-1251
전자우편 damnbooks@hanmail.net
출판등록 제300-2011-115호

ISBN 979-11-6201-289-5　03220

정가 14,000원